"十三五"职业院校物流专业规划教材
校企合作开发教材

仓储管理实务

CANGCHU GUANLI SHIWU

主　编 ● 朱丽娜　魏庄品
副主编 ● 周雪梅　潘　杰　周庚信　吕　雯

郑州大学出版社
郑州

图书在版编目(CIP)数据

仓储管理实务/朱丽娜,魏庄品主编. —郑州：郑州大学出版社,2017.8(2018.7重印)
 ISBN 978-7-5645-3461-5

Ⅰ.①仓… Ⅱ.①朱… ②魏… Ⅲ.①仓库管理-教材 Ⅳ.①F253

中国版本图书馆 CIP 数据核字(2016)第 206386 号

郑州大学出版社出版发行
郑州市大学路 40 号　　　　　　邮政编码:450052
出版人:张功员　　　　　　　　发行部电话:0371-66966070
全国新华书店经销
北京虎彩文化传播有限公司印制
开本:787 mm×1 092 mm　1/16
印张:9.75
字数:176 千字
版次:2017 年 8 月第 1 版　　　　印次:2018 年 7 月第 3 次印刷

书号:ISBN 978-7-5645-3461-5　　　定价:39.50 元
本书如有印装质量问题,由本社负责调换

编写人员名单

主　编　朱丽娜　魏庄品
副主编　周雪梅　潘　杰　周庚信　吕　雯
参　编　王烽峦　王斐玉　程文科　史鹏霜　熊　英
　　　　　　林　路　戚文婷　何凤姣　刘　龙　蒲爱玲
　　　　　　范　欢　韩国山

前　言

仓储业务是物流活动中的典型工作任务,是物流行业技能型人才必须掌握的技能,也是职业院校物流专业的一门专业核心课程。根据职业教育特点和教学改革趋势,本书以企业实际工作过程和岗位技能为导向,采取工学结合的方式,进行项目和任务导向教学设计。

本书在编写过程中,以仓储企业的业务流程为主线,将仓储业务转化成实训项目,每个项目由若干个任务组成,并配有若干可操作的技能实操训练,将职业岗位所需的知识、技能、素养融合在学习任务里,采用理实一体化教学,使物流专业学生具有仓储专业知识和技能,提高职业素养,成为高素质的劳动者。

本书有如下几个方面的特点:

(1)摒弃传统物流仓储教材概论式知识讲解模式,着重讲解仓储组织设计、业务操作和技术。

(2)突出实用性,以项目操作形式,每个项目知识点学习围绕可操作的任务,以任务形式带动学习。

(3)各项目精心设计技能训练的任务书,以实际案例为切入点,具有针对性和可操作性,便于学生理解和掌握。

(4)采用多种方法阐述理论知识,多配丰富的图、表和精要文字,改变传统教材全篇文字的面貌,让教材更加生动、形象。

(5)精心设计启发式的课后知识练习,巩固先前所学;每个项目都设置实训考核,增强学习收获的成效性。

本书为深圳国泰安教育技术股份有限公司与新疆交通职业技术学院校企合作开发教材,由朱丽娜、魏庄品任主编,周雪梅、潘杰、周庚信、吕雯仕副主编,其他参编人员还有王烽峦、王斐玉、程文科、史鹏霜、熊英、林路、戚文婷、何凤姣、刘龙、蒲爱玲、范欢、韩国山。

在本书编写过程中,搜集、引用了大量同行专家、学者的相关资料和文献,并得到了郑州大学出版社的大力支持,在此一并表示感谢。限于编者水平,书中错漏之处恐所难免,敬请读者不吝赐教,以便再版修改。

编　者

2016 年 7 月

目录

项目一　仓储合同的签订
　　任务一　简单仓储合同的制定、签订 / 1
　　任务二　复杂仓储合同的制定、签订 / 7

项目二　物品入库作业
　　任务一　入库准备 / 15
　　任务二　入库操作 / 25

项目三　物品在库作业
　　任务一　物品的堆码、苫垫操作 / 44
　　任务二　物品盘点作业 / 55
　　任务三　物品保管与养护作业 / 62
　　任务四　仓库安全与防护 / 69
　　任务五　流通加工作业 / 76
　　任务六　补货作业 / 88
　　任务七　拣货作业 / 94

项目四　物品出库作业
　　任务一　出库准备 / 107
　　任务二　出库操作 / 116
　　任务三　送货作业 / 124
　　任务四　退货作业 / 140

参考文献 / 146

项目一 仓储合同的签订

任务一 简单仓储合同的制定、签订

实训目标

(1) 了解仓储合同的基本形式;
(2) 能够拟定简单的仓储合同;
(3) 熟悉签订仓储合同的步骤;
(4) 掌握仓储合同签订的洽谈事宜和注意事项。

知识要点

一、仓储合同的定义与生效

(一) 仓储合同的定义

仓储合同,是存货人交付仓储物并支付仓储费让保管人储存的合同。提供储存保管服务的一方称为保管人,接受储存保管服务并支付报酬的一方称为存货人,交付保管的货物为仓储物。仓储合同属于保管合同的一种特殊类型。

(二) 仓储合同的生效

仓储合同自成立时生效。仓储合同是诺成合同,即双方当事人意思表示一致就可成立、生效的合同。而保管合同是实践合同,保管合同除双方当事人达成合意外,还必须有寄存人交付保管物,合同从保管物交付时起成立。这是仓储合同与保管合同的重要区别之一。

双方当事人意思表示一致即受合同约束，任何一方不按合同约定履行义务，都要承担违约责任。无论是存货人还是保管人都有商业营利的需要，特别是保管人就是以替他人储存、保管物品为业。保管人接受仓储物予以储存，存货人支付仓储费，双方就是一种交易行为，如果规定仓储合同为实践合同，则不利于这种交易的安全和稳定。因此，仓储合同自成立时生效。

二、签订仓储合同的基本程序

第一步：提出"要约"。即由存货或保管的一方提出签约的建议，包括订约的要求和合同的主要内容。

第二步："承诺"。即对另一方提出的"要约"，表示完全同意，在此基础上签订协议、合同即具有法律效力；如果对"要约"的内容、条件有不同意见，必须经过充分协商，取得一致意见。

第三步："签约"。由双方的法人代表签字、单位盖章。

三、仓储合同的主要内容

为保证合同双方的合法权利和义务，在签订仓储合同时，应仔细考虑有关条款，主要应包括以下内容：

（1）储存商品的品名或类别；

（2）储存商品的数量、质量和包装；

（3）商品验收的内容、标准、方法和时间要求，如有关仓储合同中特别强调：存货方应当向保管方提供必要的货物验收资料，否则，发生货物品种、数量、质量不符合同规定时，保管方不承担赔偿责任；

（4）商品的保管条件和保管要求（危险性物品必须说明商品的性质、性能）；

（5）商品的储存计划和出入库手续、时间和储存地；

（6）商品保管损耗的标准和损耗的处理方法；

(7) 计费项目、标准，结算方式，开户银行账号；

(8) 责任划分和违约处理；

(9) 变更（修改）和解除合同的程序及期限；

(10) 合同的有效期限；

(11) 其他特定事项。

四、签订仓储合同的注意事项

(1) 在签订仓储合同时要注意自己权利和义务的内容、起始时间，这决定着承担责任的内容和开始时间。

(2) 需要认真审查仓储保管人的资格。仓储合同对保管人的资格有严格限制。存货人在签订合同之前应对仓储营业人的资格和保管能力有所了解，防止无资格与保管能力的营业人签订合同以骗取保管费。

(3) 特别注意货物品名、种类与数量。不同的货物有着不同的保管条件和保管要求，针对不同的保管难度，仓储营业人有着不同的收费标准，存货人往往因想少交保管费而在品名、数量、质量等项目中填写模糊或与实际情况不符，这就为日后发生纠纷埋下隐患，因此存货人在填写时一定要注意准确清楚，不要产生歧义。

(4) 充分行使检查仓储物或提取样品的权利。合同法赋予了货物所有人随时检查或提取样品的权利，有的仓储合同期限较长，仓储物在仓储过程中可能发生某些变化，若等到提取时才发现问题，不仅不能避免损失，还会发生损失承担的争议，所以行使该权利无疑可为避免纠纷打下良好基础。

说到仓储，大家想想看，您理想中的仓库是什么样的呢？

任务书

根据背景资料完成任务要求。

【背景资料】

某个体户罗硕欲将一批彩电（200台，价值50万），寄存于青海纵宇仓库。双方当事人意思达成一致：这批彩电于2014年4月11日到5月11日期间在仓库保管，彩电将被分成三批陆续取走，并约定在5月11日罗硕取走最后一批彩电时支付保管费用2500元。

【任务要求】

根据背景资料拟定简单的仓储合同。

任务分析

(1)参考学时:4 学时。

(2)准备:

1)提前准备仓储合同示范文本,并下发每人 1 份。

2)打印实训考核成绩评定表,下发每组 1 份;打印个人成绩评定表,下发每人 1 份。

(3)要求:撰写实训报告,记录学习的收获及心得体会。

 任务实施

【步骤1】邀约洽谈。

(1)学生自由组合成若干个小组,每组有两方代表,分别代表存货人和保管人。

(2)要求:保管人主动联系存货人,模拟进行商务洽谈了解情况。

【步骤2】拟定合同。

由指导教师出示仓储合同式样,并讲解。

【步骤3】签订合同。

双方达成协议,签订仓储合同。

【步骤4】互换角色。

小组成员互换角色,重复以上步骤。

 练一练

(1)仓储合同与保管合同有什么不同?

(2)签订仓储合同的流程和框架是怎样的?

 实训考核

考核分两部分,即认知考核与操作考核。认知与实训操作个人成绩的总分为 100 分,计算法则为:

个人成绩 = 组内互评成绩×10% + 指导老师评定成绩×20% + 认知与操作考核评定成绩×40% + 实训报告评定成绩×30%

合同式样：

仓储合同

根据《中华人民共和国合同法》的有关规定，保管人和存货人根据委托储存计划和仓储能量的情况，双方协商一致，签订本合同，共同信守。

合同编号：20140411

保管人：_____ 签订地点：_____

存货人：_____ 签订时间：____年____月____日

第一条 仓储物品：

品名	品种规格	性质	数量	质量	包装	件数	标记
彩电	30英寸	家电	200	优	精包	200	无

第二条 储存场所：<u>青海纵宇仓库</u>；储存物：<u>彩电</u>。

第三条 仓储物品（是/否）有瑕疵。瑕疵是：<u>仓储物无瑕疵</u>。

第四条 仓储物品（是/否）需要采取特殊保管措施。特殊保管措施是：<u>不能重压，轻拿，平放，注意防潮等</u>。

第五条 仓储物入库检验的时间：<u>2014年4月11日</u>；地点：<u>青海纵宇仓库</u>。

第六条 存货人交付仓储物时，保管人应当给付仓单。

第七条 储存期限：从<u>2014</u>年<u>4</u>月<u>11</u>日至<u>2014</u>年<u>5</u>月<u>11</u>日止。

第八条 存货人于2014年<u>5</u>月<u>11</u>全部取走货物后一次性付清保管费用<u>2500</u>元给保管方。

存货人	保管人	鉴（公）证意见：
存货人（章）：	保管人（章）：	
住所：	住所：	
法定代表人：	法定代表人：	
委托代理人：	委托代理人：	
电话：	电话：	
开户银行：	开户银行：	鉴（公）证机关（章）
账号：	账号：	经办人：
邮政编码：	邮政编码：	
监制部门：	印制单位：	年 月 日

认知与操作考核成绩评定表

组员			小组	
评委				
考核内容	简单仓储合同的制定、签订		分值	每项实际得分
认知考核	仓储合同的定义		5	
	仓储合同的生效		10	
	仓储合同的主要条款		15	
	仓储合同与保管合同的区别		10	
	签订仓储合同的注意事项		5	
操作考核	商务洽谈的语言表达是否准确、合理、无遗漏		5	
	仓储合同的制作		15	
	仓储合同的格式		5	
	签订仓储合同的基本程序		10	
	仓储合同的填写		20	
合计			100	

个人成绩评定表

评定标准	分值	得分
组内互评（10%）		
指导老师评定（20%）		
认知与操作考核评定（40%）		
实训报告评定（30%）		
合计		

任务二　复杂仓储合同的制定、签订

实训目标

（1）熟悉订立仓储合同的各项条款；
（2）能够订立较复杂的仓储合同；
（3）熟悉仓储合同中违约责任与处理、免责情况。

知识要点

一、仓储物品的验收

保管人和存货人应当在合同中对入库物品的验收问题做出约定。验收问题的主要内容有三项：一是验收项目，二是验收方法，三是验收期限。

（1）验收项目。一般保管人的正常验收项目包括物品的品名、规格、数量、外包装状况，以及无须开箱拆捆直观可见可辨的质量情况。包装内的物品品名、规格、数量以外包装或物品上的标记为准。

（2）验收方法。验收方法包括全部验收和按比例验收。

（3）验收期限。验收期限自物品和验收资料全部送达保管人之日起，至验收报告送出之日止。

保管人应当按照合同约定的验收项目、验收方法和验收期限进行验收。保管人验收时发现入库的仓储物与约定不符的，如发现入库的仓储物的品名、规格、数量、外包装状况与合同中的约定不一致的，应当及时通知存货人，由存货人做出解释，或者修改合同，或者将不符合约定的物品予以退回。保管人验收后发生仓储物的品种、数量、质量不符合约定的，保管人应当承担损害赔偿责任。

二、储存危险物品和易变质物品的要求

《中华人民共和国合同法》第三百八十三条规定：储存易燃、易爆、有毒、有腐蚀性、有放射性等危险物品或者易变质物品，存货人应当说明该物品的性质，提供有关资料。

存货人违反前款规定的，保管人可以拒收仓储物，也可以采取相应措施以避免损失的发生，因此产生的费用由存货人负担。

保管人储存易燃、易爆、有毒、有腐蚀性、有放射性等危险物品的，应当具备相应的保管条件。

【释义】

关于储存危险物品和变质物品的规定：

存货人储存易燃、易爆、有毒、有腐蚀性、有放射性等危险物品或者易变质物品，应当向保管人说明该物品的性质。所谓"说明"，应当是在合同订立时予以说明，并在合同中注明。这是诚实信用原则的必然要求。如果存货人在订立合同后或者在交付仓储物时才予以说明，那么保管人根据自身的保管条件和技术能力，如果不能保管，则可以拒收仓储物或者解除合同。

存货人除应当对需要储存的危险物品及易变质物品的性质做出说明外，还应当提供有关资料，以便保管人进一步了解该危险物品的性质，为储存该危险物品做必要的准备。

存货人没有说明所储存的物品是危险物品或易变质物品，也没有提供有关资料，保管人在入库验收时，发现是危险物品或易变质物品的，保管人可以拒收仓储物。保管人在接收仓储物后发现是危险物品或易变质物品的，除及时通知存货人外，也可以采取相应措施，以避免损害的发生，因此产生的费用由存货人承担。例如将危险物品搬出仓库转移至安全地带，由此产生的费用由存货人承担。如果存货人明知是危险物品却没有对危险物品的性质做出说明并提供有关资料，从而给保管人的财产或者其他存货人的物品造成损害的，存货人应当承担损害赔偿责任。如果存货人未说明所存物品是易变质物品而导致该物品变质损坏的，保管人不承担赔偿责任。

保管人储存易燃、易爆、有毒、有腐蚀性、有放射性等危险物品的，应当具备相应的保管条件。如果保管人明知不具备相应的保管条件，而对上述危险物品予以储存，对自身造成的损害，存货人不负赔偿责任。

三、物品的储存

《中华人民共和国合同法》第三百八十九条规定：保管人对入库仓储物发现有变质或者其他损坏的，应当及时通知存货人或者仓单持有人。

【释义】

关于保管人在仓储物变质或者其他损坏情况下的通知义务的规定：

保管人对仓储物品有妥善保管的义务，保管人应当按照保管合同中约定的保管条件和保管要求妥善进行保管。保管人因保管不善造成仓储物变质或者其他损坏的,应当承担赔偿责任。例如保管条件已不符合原来的约定,如合同约定用冷藏库储存水果,但冷藏库的制冷设施发生故障,保管人不采取及时修理等补救措施,致使水果腐烂变质的,保管人应承担赔偿责任。

保管人在符合合同约定的保管条件和保管要求进行保管的情况下,因仓储物的性质、包装不符合约定或者超过有效储存期,造成仓储物变质、损坏的,尽管保管人不承担责任,但是保管人应当及时将此种情况通知存货人或者仓单持有人。即使仓储物没有变质或其他损坏,但有发生变质或其他损坏的危险时,保管人也应当及时通知存货人或者仓单持有人。这是对保管人的更进一步要求。

任务书

根据背景资料完成任务要求。

【背景资料】

一北方的农产品企业委托物流公司将一批小麦300千克和玉米种子200千克运输到南方,将这批小麦和玉米寄存于珠海腾风仓库。双方约定:于2014年4月15日到2014年7月15日期间在仓库进行保管,物品分批取走,并约定在7月15日取走最后一批货物时支付保管费用。

【任务要求】

根据背景资料拟定仓储合同。

任务分析

(1)参考学时:4学时。

(2)准备:

1)提前准备仓储合同示范文本,并下发每人1份。

(2)打印实训考核成绩评定表,下发每组 1 份;打印个人成绩评定表,下发每人 1 份。

(3)要求:撰写实训报告,记录学习的收获及心得体会。

任务实施

【步骤1】邀约洽谈。

(1)学生自由组合成若干个小组,每组有两方代表,分别代表存货人和保管人。

(2)要求:保管人主动联系存货人,模拟进行商务洽谈了解情况,通过洽谈沟通熟悉企业的具体情况和业务情况。

【步骤2】拟定合同。

由指导教师出示仓储合同式样,并讲解。

【步骤3】合同争议处理。

指导老师出任法官,对合同争议事项进行处理

【步骤4】修改合同。

学生作为保管人和存货人通过洽谈沟通,不断修改合同。

【步骤5】签订合同。

双方达成协议,签订仓储合同。

【步骤6】角色互换。

小组成员互换角色,重复以上步骤。

合同式样：

物流仓储合同

根据《中华人民共和国合同法》的有关规定，保管人和存货人根据委托储存计划和仓储能力情况，双方协商一致，签订本合同，共同信守。

合同编号：20140411

保管人：_____ 签订地点：_____

存货人：_____ 签订时间：___年___月___日

第一条 仓储物品：

品名	规格	质量	包装	件数
小麦	300千克	良好	塑料编织袋	75袋
玉米种子	200千克	优	塑料编织袋	60袋

第二条 仓储物保管措施：

1. 保证仓库干净，无漏雨，不渗水，无鼠害，无异味。仓库的温度在8摄氏度以下。相对湿度不得高于60%。

2. 在仓储物的保期内，未按合同条款的要求保管货物，造成货物损失、变质、发霉、减少，应承担赔偿责任。

3. 如果有货物洒落在地应该及时处理，并把捡起的货物安排好。无关人员不得进入仓库。

4. 应该定时对货物进行检查，检查货物堆的温度及湿度，检查货物是否有病虫害，时间的安排是每季一次。如果发现货物变质、发霉、发芽损坏，应及时通知存货人。

第三条 仓储物入库前检验：

保管人应检验货物的质量、件数、规格是否正确。检查货物是否发生了变质、霉变、损失、病虫害，或水分过高不适合存储。如果有，应及时通知存货人处理。货物验收好后，保管人必须填写入库验收单。

第四条 仓储物出库检验：

货物出库后，存货人应仔细检查货物，如果发现货物有变质、霉变、损失、病虫害，或水分过高等问题，应向保管人索赔。

第五条 数量验收：

以保管人验证合格的磅秤为准。

第六条 租赁费用：

1. 货物所占仓库的面积：_____平方米。租赁费每天每平方米_____元。

2. 存储的时间：从____年____月____日到____年____月____日。

3. 货物入库前的运输费用及卸货费用由存货人负责，货物出库的费用及装货费用由保管人负责。

第七条 违规责任：

1. 保管人的责任。

（1）在货物保管期间，未按合同规定的储存条件和保管要求保管货物，造成货物灭失、短少、变质、污染、损坏的，应承担赔偿责任。

（2）危险物品和易腐物品不得与玉米种子及小麦存放在一起，如果造成损失应承担赔偿责任。

（3）由于保管人的责任，造成退仓不能入库时，应按合同规定赔偿存货人运费和支付违约金_____元。

（4）由保管人负责发运的货物，不能按期发货，应赔偿存货人逾期交货的损失；错发到货地点，除按合同规定无偿运到规定的到货地点外，还应赔偿存货人因此而造成的实际损失。

（5）其他约定责任。

2. 存货人的责任。

（1）由于存货人的责任造成退仓不能入库时，存货人应偿付相当于相应保管费10%（或15%）的违约金。超议定储存量储存的，存货人除交纳保管费外，还应向保管人偿付违约金_____元（或按双方协议办）。

（2）货物临近失效期或有异状的，在保管人通知后不及时处理，造成的损失由存货人承担。

（3）未按国家或合同规定的标准和要求对仓储物进行必要的包装，造成货物损坏、变质的，由存货人负责。

（4）存货人已通知出库或合同期已到，由于存货人（含用户）的原因致使货物不能如期出库，存货人除按合同的规定交付保管费外，还应偿付违约金_____元。由于出库凭证或调拨凭证上的差错所造成的损失，由存货人负责。

（5）按合同规定由保管人代运的货物，存货人未按合同规定及时提供包装材料或未按规定期限变更货物的运输方式、到站接货人的，应承担延期的责任和增加的有关费用。

（6）其他约定责任。

第八条 合同争议的解决方式：

本合同在履行过程中发生的争议，由双方当事人协商解决，也可由当地工商行政管理部门调解。协商或调解不成的，按下列第____种方式解决：

1. 提交_____仲裁委员会仲裁；

2. 依法向人民法院起诉。

当事人双方未在本合同中约定仲裁机构,事后又未达成书面仲裁协议的,可向人民法院起诉。

第九条 其他约定事项:

_____

存货人	保管人	鉴(公)证意见:
存货人(章):	保管人(章):	
法定代理人:	法定代理人:	
委托代理人:	委托代理人:	
电话:	电话:	
开户银行:	开户银行:	
账号:	账号:	鉴(公)证机关(章)
邮政编码:	邮政编码:	经办人:
监制部门:	印制单位:	年 月 日

练一练

仓储合同中违约责任有哪些?

实训考核

考核分两部分,即认知考核与操作考核。认知与实训操作个人成绩的总分为 100 分,计算法则为:

个人成绩=组内互评成绩×10%+指导老师评定成绩×20%+认知与操作
考核评定成绩×40%+实训报告评定成绩×30%

认知与操作考核成绩评定表

组员			小组	
评委				
考核内容	复杂仓储合同的制定、签订		分值	每项实际得分
认知考核	仓储物品的验收内容		15	
	储存危险物品和变质物品的要求与释义		10	
	保管人在仓储物变质或者其他损坏情况下的通知义务与释义		10	
操作考核	商务洽谈的语言表达是否准确、合理、无遗漏		5	
	仓储合同的制作		5	
	订立仓储合同的各项条款		25	
	仓储合同的填写		15	
	仓储合同中违约责任与处理、免责情况		15	
合计			100	

个人成绩评定表

评定标准	分值	得分
组内互评（10%）		
指导老师评定（20%）		
认知与操作考核评定（40%）		
实训报告评定（30%）		
合计		

项目二 物品入库作业

任务一 入库准备

实训目标
(1) 能够做好入库前的准备工作;
(2) 能够填写货物接运的相关表单;
(3) 能够完成入库前的验收工作及单据的签收。

知识要点

一、接收入库申请

(一) 入库申请

入库申请是生成入库作业计划的基础和依据,是存货人(供货商)对仓储服务需求产生需求,并向仓储企业发出需求通知。仓储企业接到申请之后对此项业务进行评估,并结合仓储企业自身业务状况做出反应:或拒绝该项业务,并做出合理解释,以求客户的原谅;或接受此项业务,制订入库作业计划,并分别传递给存货人和仓储部门,做好各项准备工作。

(二) 入库通知单

入库通知单是存货人给仓库的一个客户委托,即存货人向仓储企业提出入库申请的书面形式,可包括编号、日期、订单号、供应商、存货人、物品编号、物品名称、物品属性、物品件数、物品重量、包装材质及规格、存放地点等信息。入库通知单示例如图2-1所示。

当仓储企业业务部门收到存货人的入库通知单后,要对此业务进行分析评估,包括到货日期、物品属性、包装、数量、存储时间及本企业的接卸货能力、存储空间、温湿度控制能力等方面。若分析评估后认为此业务本企业难以承担,业务部门可与存货人就存在的问题进行协商,如协商难以达成一致,则可拒绝此项业务;若分析评估后认为此业务完全符合本企业业务范畴,则业务部门根据入库通知单制订入库作业计划,分别发给存货人和本企业仓库部门。发给存货人的入库作业计划作为存货人入库申请的确认,发给本企业仓库部门的入库作业计划作为生产计划,仓库部门依此计划进行生产准备。

入库通知单编号:R14041601		计划入库时间:到货当日			
序号	商品名称	包装规格(长×宽×高)/(mm×mm×mm)	单价/(元/箱)	重量/(kg/箱)	入库数量/箱
1	香香黑瓜子	595 × 395 × 375	110	21	10
2	白云方便面	595 × 325 × 330	160	3	18
3	大王牌大豆酶解蛋白粉	495 × 395 × 320	420	35	36
4	好娃娃薯片	455 × 245 × 200	80	2	50
5	金多多婴儿营养米粉	295 × 245 × 240	400	18	32
6	吉欧蒂亚干红葡萄	460 × 260 × 230	300	16	18
7	诚诚油炸花生仁	395 × 245 × 265	300	30	24
存货人:					

图 2-1 入库通知单

二、入库作业计划

入库作业计划是指仓库部门根据本部门和存货人等外部实际情况,权衡存货人的需求和仓库存储的可能性,通过科学的预测,提出在未来一定时期内仓库要达到的目标和实现目标的方法。

入库作业计划是存货人发货和仓库部门进行入库前准备的依据。入库作业计划主要包括到货时间、接运方式、包装单元与状态、存储时间,以及物品的名称、品种、规格、数量、单件体积与重量、物理特性、化学特性、生物特性等详细

信息。

仓库部门对入库作业计划的内容要进行分析,并根据物品在库时间,物理、化学、生物特性、单件体积、重量、包装物等,合理安排货位。仓库部门对入库作业计划做出测评与分析之后,即可进行物品入库前的准备工作。

三、入库准备

按照物品的入库时间和到货数量,按计划安排好接运、卸货、检验、搬运物品的作业人员和班次;仓管员要准备好物品入库所需的各种报表、单证、账簿,以备使用。

在存储作业中,为有效地对商品进行科学管理,必须根据仓库、存储商品的具体情况,实行仓库分区、商品分类和定位保管。仓库分区就是根据库房、货场条件将仓库分为若干区域;分类就是根据商品的不同属性将存储商品划分为若干大类;定位就是在分区、分类的基础上,固定每种商品在仓库中具体存放的位置。

(一)货位的准备

1. 平置库货位准备

根据入库计划,在物品到达前将存储的位置和所需的货位面积予以确定。

(1)确定物品存储的位置,主要考虑平置库平面布局、物品在库时间、物品物动量高低、物品相关性、物品特性、物品体积和重量特性等关键因素。

1)高物动量的物品,在库时间一般较短,所以高物动量的物品应放置在离通道或库门较近的地方。平置库货位布局示意如图2-2所示。

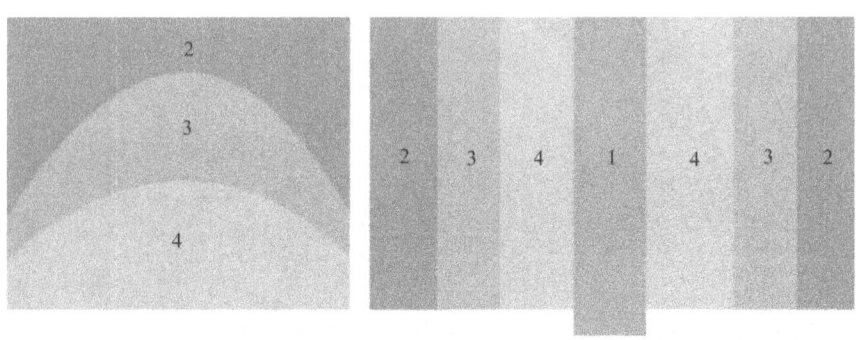

1-库门或通道　2-高物动量区　3-中物动量区　4-低物动量区

图2-2　平置库货位布局示意图

2)有些库存的商品具有很强的相关性,相关性大的商品,通常被同时采购或同时出仓。对于这类商品应尽可能规划在同一储区或相近储区,以缩短搬运路径和拣货时间。

3)为了避免商品在存储过程中相互影响,性质相同或要求保管条件相近的商品应集中存放,并相应安排在条件适宜的库房或货场。即将同一种货物存在同一保管位置,产品性能类似或互补的商品放在相邻位置。将相容性低,特别是互相影响质量的商品分开存放。这样既提高作业效率,又防止商品在保管期间受到损失。对有些特殊商品,在进行储区规划时还应特别注意的是:

◆易燃物品必须存放在具有高度防护作用的独立空间内,且必须安装适当的防火设备;

◆易腐物品必须存储在冷冻、冷藏或其他特殊的设备内;

◆易污损物品需与其他物品隔离；

◆易窃物品必须隔离封闭管理。

4）在仓库布局时，必须同时考虑商品体积、形状、重量，以确定商品所需堆码的空间。通常，重量大的物品保管在地面上或货架的下层位置。为了保证货架的安全并方便人工搬运，人的腰部以下的高度通常宜储放重物或大型商品。

（2）确定物品所需货位面积必须考虑的因素包括仓库的可用高度、仓库地面荷载、物品包装物所允许的堆码层数以及物品包装物的长、宽、高。

2. 货架库货位准备

计划入库物品如果上架存储，在明确存储位置和所需货位数量的同时，还要准备好相应数量的托盘。

（1）货架库货位优化。决定计划入库物品的存储位置的关键因素是物动量分类的结果，高物动量物品应该选择首层货位，中物动量物品应该选择中间层货位，低物动量物品则应该选择上层货位（图2-3）。

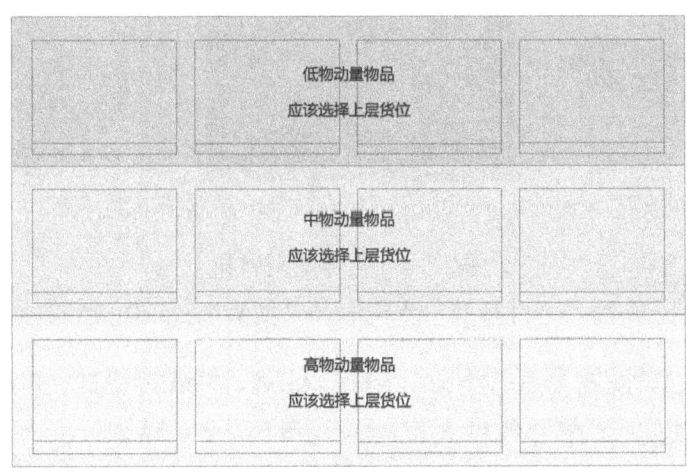

图2-3　货架存储与货位优化示意图

(2)货架库货位及托盘数量准备。为保证计划入库物品能够顺利入库,仓管人员应在入库前准备出足够的货位和上架所需的托盘。在计算所需货位及托盘数量时所应考虑的因素包括:①计划入库的物品种类及包装规格;②货架货位的设计规格;③所需托盘规格;④叉车作业要求;⑤作业人员的熟练程度与技巧。

货架库入位与平置库入位不同的地方还包括货位净高的要求,以及叉车作业空间的预留,一般预留空间≥90 mm。

(二)苫垫材料的准备

根据预计到货物品的特性、体积、质量、数量和到货时间等信息,结合物品分区、分类和货位管理的要求,确定货位。同时要做好防雨、防潮、防尘、防晒准备,即准备好所需的苫垫材料。苫垫材料应根据货位位置和到货物品特性合理选择。

垫垛材料的选择要考虑到使物品避免受地坪潮气的侵蚀,并满足垛底通风的需求。其主要材料包括枕木、方木、木板、石条、水泥墩、防潮纸(布)及各种人工垫板等(图2-4)。

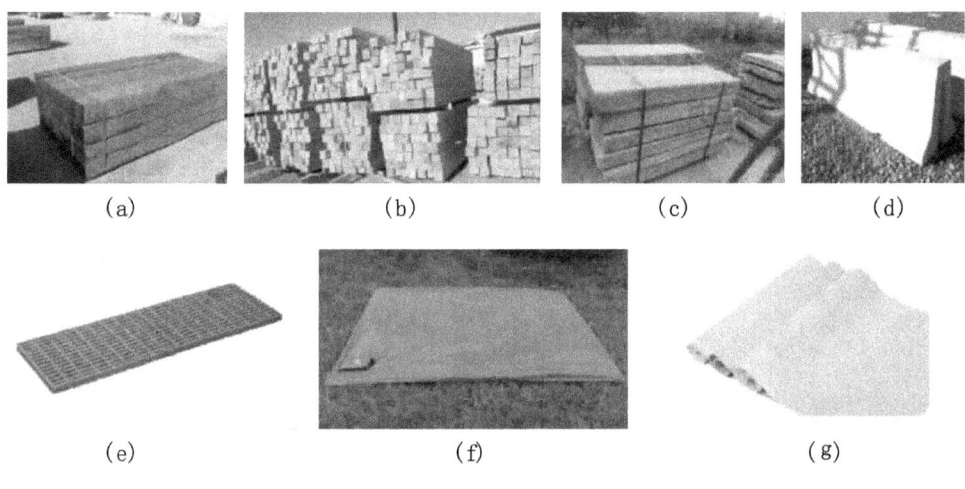

图2-4 各种垫剁材料

(a)枕木;(b)方木;(c)石条;(d)水泥墩;(e)防潮纸;(f)防潮布;(g)塑料垫板

苫盖材料主要使物品免受风吹、雨打、日晒、冰冻的侵蚀,主要包括塑料布、席子、油毡纸、铁皮、苫布及各种人工苫盖瓦等(图2-5)。

(三)验收及装卸搬运器械的准备

仓库理货人员根据物品情况和仓储管理制度,确定验收方法,准备验收所需

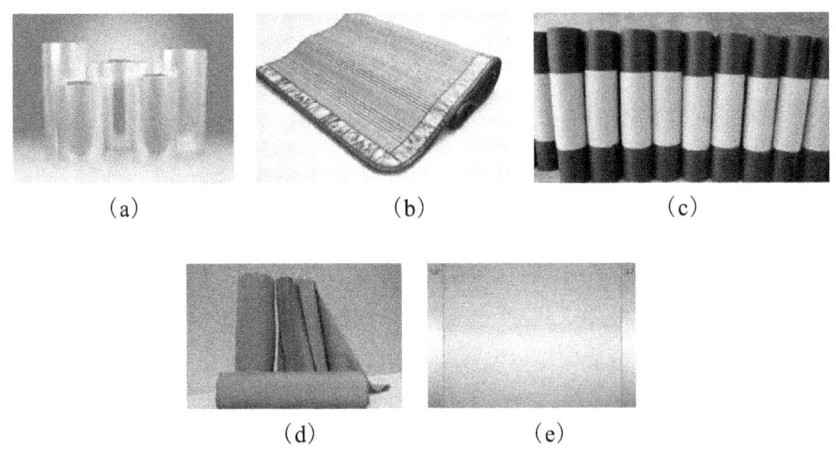

图 2-5 各种苫盖材料

(a)塑料布;(b)席子;(c)油毡纸;(d)铁皮;(e)苫布

要的计件、检斤、测试、开箱、装箱、丈量、移动照明等器具(图 2-6)。同时要根据到货物品的特性、货位、设备条件、人员等情况,科学合理地制定卸车搬运工艺,备好相关作业设备,安排好卸货站台或场地,保证装卸搬运作业的效率。

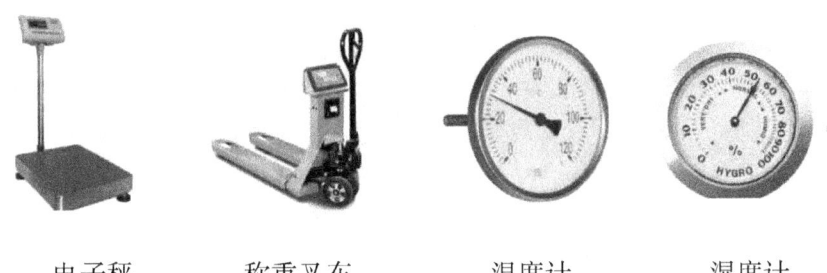

电子秤　　　称重叉车　　　温度计　　　湿度计

图 2-6 常见的验收机械

任务书

根据背景资料完成任务要求。

【背景资料】

某零售商进了一批日常需求量较高的货品,因没有自己的仓库来满足存货需求,向当地仓储企业发出需求申请。

【任务要求】

(1)填制入库申请单;

(2)完成入库准备。

任务分析

(1)参考学时:4学时。

(2)准备:

1)提前熟悉掌握入库申请流程。

2)指导教师充当存货人,学生充当制单员,仓储员由学生充当,并分成2组。

(3)要求:撰写实训报告,记录学习的收获及心得体会。

 任务实施

【步骤1】入库申请:

以现场面对面的形式,存货人向仓储企业发出仓储服务的需求。

【步骤2】制作入库通知单:

指导教师出示入库通知单式样并讲解,制单员填制入库通知单。入库通知单式样如图2-7所示。

入库通知单编号:R14041601				计划入库时间:到货当日	
序号	商品名称	包装规格 (长×宽×高) /(mm×mm×m)	单价 /(元/箱)	重量 /(kg/箱)	入库数量 /箱
1	香香黑瓜子	595 × 395 × 375	110	21	10
2	白云方便面	595 × 325 × 330	160	3	18
3	大王牌大豆酶解蛋白粉	495 × 395 × 320	420	35	36
4	好娃娃薯片	455 × 245 × 200	80	2	50
5	金多多婴儿营养米粉	295 × 245 × 240	400	18	32
6	吉欧蒂亚干红葡萄	460 × 260 × 230	300	16	18
7	诚诚油炸花生仁	395 × 245 × 265	300	30	24
				存货人:	

图2-7 入库通知单式样

【步骤3】入库准备：

仓储员做好物品入库准备。

(一)货位的准备

1. 平置库货位准备

可以将书本、收集的纸箱等材料标明为所代表物品。根据高物动量的物品、中物动量的物品、低物动量的物品的分类结果，将物品摆放至正确的区域。参考图2-2平置库货位布局示意图。

2. 货架库货位的准备

(1)货架库货位优化：

根据区域内物动量分类的结果，用桌面、椅子面、地面分别代表上层货位、中间层货位、首层货位，分别用于存放低物动量物品、中物动量物品、高物动量物品。参考图2-3货架存储与货位优化示意图。

(2)货架库货位及托盘数量准备：

仓管员在入库前准备足够的货位和上架所需的托盘(托盘可以用硬纸箱片代替)。

(二)苫垫材料的准备

枕木、方木、木板、石条、水泥墩、防潮纸(布)、人工垫板，若没有实物，可以用其他物品代替或者准备认知图片。

(三)验收及装卸搬运器械的准备

常见验收器械：电子秤、承重叉车、温度计等，可用实物或图片材料进行认知。

练一练

(1)说说入库申请流程，能否熟练用流程图表示。

(2)说一说入库通知单的内容有哪些。

实训考核

考核分两部分，即认知考核与操作考核。认知与实训操作个人成绩的总分为100分，计算法则为：

个人成绩＝组内互评成绩×10%＋指导老师评定成绩×20%＋认知与操作考核评定成绩×40%＋实训报告评定成绩×30%

认知与操作考核成绩评定表

组员		小组	
评委			
考核内容	入库准备	分值	每项实际得分
认知考核	入库申请定义	5	
	入库申请流程	10	
	入库通知单定义	5	
	入库通知单的内容	10	
	入库作业计划的内容	5	
操作考核	入库通知单填制的正确性	15	
	平置库货位准备与操作认知	10	
	货架库货位优化与操作认知	10	
	货架库货位及托盘数量准备	10	
	苫垫材料准备与认知	10	
	验收及装卸搬运器械的准备与认知	10	
合计		100	

个人成绩评定表

评定标准	分值	得分
组内互评（10%）		
指导老师评定（20%）		
认知与操作考核评定（40%）		
实训报告评定（30%）		
合计		

任务二　入库操作

实训目标

（1）掌握货物入库流程；
（2）熟悉各项凭证；
（3）能够核对与填写各种相关表单。

知识要点

一、接运卸货

物品入库除了一小部分由供货商直接运到仓库交货外，大部分要经过铁路、公路、航运、空运等转运。凡经过交通运输部门转运的物品，均需经过仓库接运后，才能进行入库验收。因此，物品的接运实际上是物品入库业务流程的第一道作业环节，也是存储物品的仓库直接与外部发生的经济联系。它的主要任务是及时而准确地向交通运输部门提取入库物品，要求手续清楚、责任分明，为入库验收工作创造有利条件。由于接运工作是仓库业务活动的开始，是物品入库和保管的前提，所以接运工作的好坏直接影响物品的验收和入库后的保管保养。

由于接运工作直接与交通运输部门接触，所以做好接运工作还需要熟悉交通运输部门的要求和制度。例如，发货人与运输部门的交接关系和责任的划分，铁路或航运等运输部门在运输中应负的责任，收货人的责任，铁路或其他运输部门编制普通记录和商务记录的范围，向交通运输部门索赔的手续和必要的证件等。

做好物品接运业务管理的主要意义在于,防止把在运输过程中或运输之前已经发生的物品损害和各种差错带入仓库,减少或避免经济损失,为验收和保管保养创造良好的条件。因此,不论采用哪种接运方式,都要进行初步检查验收,以界定责任。因为,有的仓库入库检验不在接运当天进行,容易引起双方对物品发生质量问题的时间产生纠纷。初步检查验收主要是对物品的总数量和外观(或外包装)及标识、标签进行检查,查看有无破包、拆包、水渍、外溢、污染、短缺,查看所接物品的标识和标签是否完整、是否与物品相符等。如有问题,应拆包进行检验,查清原因,分清责任,征得存货委托人同意后采取补救措施。初步检查验收,应注意及时、客观、公正、公开地进行。初验合格后卸货。

(一)接运方式

1. 车站、码头接货

车站、码头接货一般是指仓储企业受存货人委托或合同约束到车站、码头接运物品到储存地。一般零担托运和小批量物品采用此方法。

(1)提货人员应了解所提取物品品名、型号、特性和一般保管知识、装卸搬运注意事项等。在提货前应做好接运物品的准备工作,例如准备装卸运输工具,腾出存入物品的场地等。提货人员应主动了解到货时间和交货情况,根据到货多少,组织装卸人员、机具和车辆,按时前往提货。

(2)提货时应根据运单以及有关资料详细核对品名、规格、数量,并要注意物品外观,查看包装、印封是否完好,有无玷污、受潮、水渍、油渍等异状。若有疑点或不符,应当场要求运输部门检查。对短缺损坏情况,凡属铁路方面责任的,应做出商务记录;属于其他方面但需要铁路部门证明的应做出普通记录,由铁路

运输员签字,并注意记录内容与实际情况要相符合。

(3)在短途运输中,要做到不混不乱,避免碰坏损失。危险品应按照危险品搬运规定办理。

(4)物品到库后,提货员应与保管员密切配合,尽量做到提货、运输、验收、入库、堆码一条龙作业,从而缩短入库验收时间,并办理内部交接手续。

2. 专用线接车

所谓专用线就是专门为某企业修建或使用的铁路专用线,一般为支线。专用线接车,是指仓储企业在本企业的专用线上接货,一般大批整车物品接运采用此方法。

(1)接到专用线到货通知后,应立即确定卸货货位,力求缩短场内搬运距离;组织好卸车所需要的机械、人员以及有关资料,做好卸车准备。

(2)车皮到达后,引导对位,进行检查,看车皮封闭情况是否良好(即车厢、车窗、铅封、苫布等有无异状);根据运单及有关资料核对物品名、规格、标识和清点件数;检查包装是否有损坏或有无散包;检查是否有进水、受潮或其他损坏现象。在检查中发现异常情况,应请铁路部门派员复查,做出普通或商务记录,记录内容应与实际情况相符,以便交涉。

(3)卸车时要注意为物品验收和入库保管提供便利条件,分清车号、品名、规格,不混不乱;保证包装完好,不碰坏,不压伤,更不得自行打开包装。应根据物品的性质合理堆放,以免混淆。卸车后应在物品上标明车号和卸车日期。

(4)编制卸车记录,记明卸车货位规格、数量,连同有关证件和资料,尽快向保管员交代清楚,办好内部交接手续。

3. 仓库自行接(提)货

仓库自行接(提)货是指仓储企业直接到存货委托人指定的企业接(提)货的一种方式。接(提)货的运输工具可以是仓库的,也可以是租用的。

(1)仓库接受货主委托直接到供货单位提货时,应将这种接货与初验工作结合起来同时进行。

(2)仓库应根据提货通知,了解所提物品的性能、规格、数量,准备好提货所需的机械、工具、人员,配备保管员在供方当场检验质量、清点数量,并做好验收记录,接货与验收合并一次完成。

4. 库内接货

库内接货是指仓储企业在仓库内接到存货委托人送来的物品。至于物品是谁送来的,这些对仓储企业并不重要。一般仓库和供货单位在同城。

存货单位或供货单位将物品直接运到仓库储存时,应由保管员或验收人员直接与送货人员办理交接手续,当面验收并做好记录。若有差错,应填写记录,由送货人员签字证明,据此向有关部门提出索赔。

二、核查入库凭证

(一)入库通知单与订货合同

入库通知单和订货合同副本是仓库接受物品的凭证,应与所提交的随货单证及货物内容相符。

(二)供货商单证

供货商单证主要包括送货单、装箱单、磅码单、原产地证明等。

送货单由供货商开具,通常包括五联:白联为存根,由发货部门留存;红联为记账联,交财务;黄绿联为回单,由收货人签字确认后交送货人带回;蓝联交收货人留存;黄联为出门证,交门卫。送货单如图2-8所示,商品档案说明书如图2-9所示,装箱单如图2-10所示。

送货单 编号_____

收货单位：_____ 电话：_____
地　　址：_____ 年 月 日

第一联：存根

货号	名称及规格	单位	数量	单价	金额							
					佰	拾	万	仟	佰	拾	元	角	分
合计金额	佰	拾	万	仟	佰	拾	元	角	分	￥： ___

收货单位　　　　　　　　　　　　　送货单位
及经手人　　　　　　　　　　　　　及经手人

（盖章）　　　　　　　　　　　　　（盖章）

图 2-8　送货单

商品货号		海关编号	
中文名称			
英文名称			
中文规格			
英文规格			
每箱数量（中）			
每箱数量（英）			
包装重量	毛重：	净重：	
包装尺寸	长： 宽： 高： 体积：		
备注			
商品照片			

图 2-9　商品档案说明书样本

装 箱 单

1）收件人：
Consignee: ＿＿＿＿＿＿

公司名称：
Company Name: ＿＿＿＿

地址：
Address: ＿＿＿＿＿＿＿

城市 / 地区号：
Town/Area Code: ＿＿＿＿

州名 / 国家：
State/Country: ＿＿＿＿＿

2）运单号：
Airbill No. ＿＿＿＿＿＿

承运人：
Carrier: ＿＿＿＿＿＿

重量：
Weight: ＿＿＿＿＿＿＿

体积：
Dimensions: ＿＿＿＿＿＿

电话 / 传真：
Phone/Fax No.: ＿＿＿＿＿

3）详细的商品名称 Full Description of Goods	4）生产厂商 Manufacturer	5）数量 No. of Items

6）本人认为以上提供的资料属实和正确，货物原产地是＿＿＿＿＿＿。
I declare that the above information is true and correct to the best of my knowledge and that the goods are of ＿＿＿＿ origin.

7）出口理由：
Reason for Export：

签名：
Signature:

公章：
Stamp:

图 2-10 装箱单

装箱单、磅码单是商业发票的一种补充单据，是对商品的不同包装规格条件、不同花色和不同重量逐一分别详细列表说明的一种单据。它是仓库收货时核对货物的品种、花色、尺寸、规格的主要依据。

原产地证明用以证明物品的生产国别，进口国海关凭以核定应征收的税率。在我国，普通产地证可由出口商自行签发，或由进出口商品检验局签发，或由中国国际贸易促进委员会签发。实际业务中,应根据买卖合同或信用证的规定,提交相应的产地证。

(三)承运人单证

承运人单证主要指运单。运单是由承运人或其代理人签发的,证明物品运输合同和物品由承运人接管或装船,以及承运人保证将物品交给指定的收货人的一种单证。运单由承运单位开出,内容包括承运物品名称、包装状况、单位、单价、数量、承运时间、联系方式等信息,运单通常包括三至五联,主要作用是:

(1)"两次三方"物品交接的凭证。"两次"指的是托运人与承运人物品交接、承运人与收货人物品交接,"三方"指的是托运人、承运人、收货人。

(2)承运方与托运方财务核算的凭证。

核对凭证,也就是将上述凭证加以整理全面核对。入库通知单、订货合同要与供货单位提供的所有凭证逐一核对,相符后才可以进行实物检验。

三、物品检验

(一)检验内容

1. 数量检验

数量检验是保证物品数量准确不可缺少的重要步骤,一般在质量检验之前,由仓库保管职能机构组织安排仓管员进行。按物品的性质和包装情况,数量检验分为三种形式,即计件、检斤、检尺求积。

(1)计件。计件是按件数供货或以件数为计量单位的物品,做数量验收时的清点件数。一般情况下,计件物品应全部逐一清点。一般运输包装(外包装)完好,销售包装(内包装)数量固定(一般不拆包),只清点大包装,特殊情况下可拆包抽查,若有问题则扩大抽查范围,直至全查;固定包装物的小件物品,如果包

装完好,打开包装对保管不利,可不拆。国内物品一般只检查外包装,不拆包检查;进口商品按合同或惯例办理。

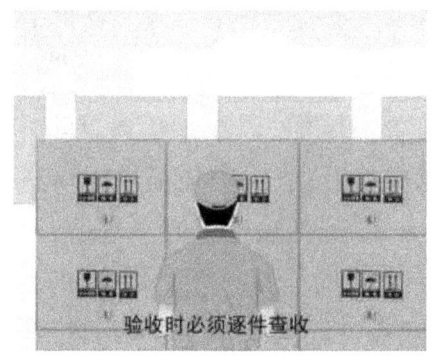

(2)检斤。检斤是按重量供货或以重量为计量单位的物品,做数量验收时的称重。金属材料、某些化工产品多半是检斤验收。按理论换算重量供应的物品,先要通过检尺,例如金属材料中的板材、型材等,然后按规定的换算方法换算成重量验收。对于进口物品,原则上应全部检斤,但如果订货合同规定按理论换算重量交货,则按合同规定。所有检斤的物品,都应填写磅码单。

(3)检尺求积。检尺求积是对以体积为计量单位的物品,例如木材、竹材、砂石等,先检尺后求体积所做的数量验收。

在做数量验收之前,还应根据物品来源、包装好坏或有关部门规定,确定对到库商品是采取抽验还是全验方式。在一般情况下数量检验应全验,即按件数全部进行点数,按重量供货的全部检斤,按理论重量供货的全部检尺后换算为重量,以实际检验结果的数量为实收数。有关全验和抽验,如果物品管理机构有统一规定,则可按规定办理。若合同有规定,按合同规定办理。凡经过数量检验的物品,都应该填写磅码单。

2.质量检验

质量检验包括外观检验、尺寸精度检验、机械物理性能检验和化学成分检验四种形式,后两种又合称理化检验。仓库一般只做外观检验和尺寸精度检验,后两种检验如果有必要,则由仓库技术管理职能机构取样,委托专门检验机构检验。

(1)物品的外观检验。在仓库中,质量验收主要指物品外观检验,由仓库保管职能机构组织进行。外观检验是指通过人的感觉器官,检验物品的包装外形或装饰有无缺陷;检查物品包装的牢固程度;检查物品有无损伤,例如撞击、变形、破碎等;检查物品是否被雨、雪、油污等污染,有无潮湿、霉腐、生虫等。外观有缺陷的物品,有时可能影响其质量,所以,对外观有严重缺陷的物品,要单独存放,防止混杂,等待处理。凡经过外观检验的物品,都应该填写检验报告(图2-11)。物品的外观检验通过直接观察物品包装或物品外观来判别质量情况,大大简化了仓库的质量验收工作,避免了各个部门反复进行复杂的质量检验,从而节省大量的人力、物力和时间。

供货商		订单号			验收员			
运单号				验收日期				
运货日期			到货日期			复核员(日期)		
序号	储位号	物品名称	规格型号	物品编号	包装单位	应收数量	实收数量	备注

图2-11 检验报告

(2) 物品的尺寸。精度检验。由仓库的技术管理职能机构组织进行。进行尺寸精度检验的商品,主要是金属材料中的型材、部分机电产品和少数建筑材料。不同型材的尺寸检验各有特点,例如椭圆材主要检验直径和圆度,管材主要检验壁厚和内径,板材主要检验厚度及均匀度等。对部分机电产品的检验,一般请用料单位派员进行。尺寸精度检验是一项技术性强、很费时间的工作,全部检验工作量大,并且有些物品质量的特性只有通过破坏性的检验才能测到,所以,一般采用抽验的方式进行。

(3) 理化检验。理化检验是对物品内在质量和物理化学性质进行的检验,一般主要对进口物品进行理化检验。对物品内在质量的检验需要一定的技术知识和检验手段,目前仓库多不具备这些条件,所以一般由专门的技术检验部门进行。如羊毛含水量的检测、药粉含药量的检测、花生含黄曲霉的检测等。

以上质量检验是物品交货时或入库前的验收。在某些特殊情况下,还有完工时期的验收和制造时期的验收,就是在供货单位完工和正在制造过程中,由需方派员到供货单位检验。应当指出,即使供货单位检验过的物品,或者因为运输条件不良,或者因为质量不稳定,也会在进库时发生质量问题,所以交货时入库前的检验,在任何情况下都是必要的。

(二) 验收方式

物品验收方式分为全验和抽验。在进行数量和外观验收时一般要求全验。在质量验收时,当批量小、规格复杂、包装整齐或要求严格验收时,可以采用全验。全验需要大量的人力、物力和时间,但是可以保证验收的质量。在批量大、规格和包装整齐、存货单位的

信誉较高、人工验收条件有限的情况下,通常采用抽验的方式。物品质量和储运管理水平的提高以及数理统计方法的发展,为抽验方式提供了物质条件和理论依据。

(三)问题处理

(1)在物品验收过程中,可能会发现诸如单证不齐、数量短缺、质量不符合要求等问题,应区别不同情况,及时处理并填写问题物品处理记录单(图2-12)。

问题物品处理记录单						
常见问题处理	数量溢余	数量短少	品质不合格	包装不合格	规格品类不符	单证与实物不符
通知供货方						
按实数签收						
维修整理						
查询等候处理						
改单签收						
拒绝收货						
退单、退货						

图2-12 问题物品处理记录单

1)验收中发现问题、等待处理的物品应该单独存放,妥善保管,防止混杂、丢失、损坏。

2)数量短缺在规定磅差范围内的,可按原数入账;凡超过规定磅差范围的,应查对核实,做好验收记录和磅码单交主管部门会同货主向供货单位办理交涉。凡实际数量多于原发料量的,可由主管部门向供货单位退回多发数,或补给货款。在物品入库验收过程中发生的数量不符情况,其原因可能是发货方在发货过程中出现了差错,误发了商品,或者是在运输过程中漏装或丢失了物品等。数

量短缺不论是何原因,均应由收货人在凭证上做好详细记录,按实际数量签收,并通知发货人。

3）质量不符合规定时,应及时向供货单位办理退货、换货交涉,或征得供货单位同意后代为修理,或在不影响使用的前提下降价处理。物品规格不符或错发时,应先将规格对的予以入库,规格不对的要详细做好验收记录并交主管部门处理。

4）单证未到或不齐时,应及时向供货单位索取,到库物品应作为待检验物品堆放在待验区,待单证到齐后再进行验收。单证未到之前,不能验收,不能入库,更不能发料。

5）属承运部门造成的物品数量短少或外观包装严重残损等,应凭运提货时索取的"货运记录"向承运部门索赔。

6）价格不符,供方多收部分应予拒付,少收部分经过检查核对后,应主动联系,及时更正。

7）入库通知单或其他单证已到,在规定的时间未见物品到库时,应及时向有关部门反映,以便查询处理。

（2）在物品验收过程中,如果发现物品数量或质量问题,应该严格按照有关规定进行处理。

1）物品入库凭证未到齐之前不得正式验收。

2）发现物品数量或质量不符合规定,要会同有关人员当场做出详细记录,交接双方应在记录上签字。

3）数量验收中,计件物品应及时验收,发现问题要按规定的手续,在规定的期限内向有关部门提出索赔要求。

四、办理交接手续

交接手续是指仓库对收到的物品向送货人进行的确认,表示已经接收物品。办理完交接手续,意味着划分清楚运输、送货部门和仓库的责任。完整的交接手续包括如下过程：

1. 接收物品

仓库通过理货、查验物品,将不良物品剔除、退回或者编制残损单证等明确责任,确定收到物品的确切数量。

2. 接收文件

接收送货人送交的物品资料、运输的货运记录,在随货运输单证上注明接收的文件名称、文号等,如图纸、准运证等。

3. 签署单证

仓库与送货人或承运人共同在送货人交来的送货单、交接清单上签字,并留存相应单证。若送货单与交接清单不一致或物品、文件有差错,还应附上事故报告或说明,并由有关当事人签章,等待处理。

任务书

根据背景资料完成任务要求。

【背景资料】

福建盛丰物流公司收到福建重远科技有限公司发来的入库通知单(图 2-13),有 25 箱蓝月亮洗衣液需要入库,请盛丰物流做好准备。

【任务要求】

分组完成这 25 箱洗衣液的入库作业。

入库通知单

仓库名称:福建盛丰物流公司　　　　　　　2014 年 4 月 17 日

批次					
采购订单号	201404170001				
客户指令号	201404170001	订单来源	□浡榪		
客户名称	福建重远科技有限公司	质量	正品		
入库方式	送递	入库类型	正常		
序号	货品编码	名称	单位	包装规格/(mm×mm×mm)	数量	实收数量	备注
1	0121100034145	蓝月亮洗衣液	箱	600×400×200	25		

图 2-13　入库通知单

任务分析

(1) 参考学时:8学时。

(2) 准备:

1) 了解熟悉入库作业流程。

2) 划分岗位职责,见下表所示:

岗位	职责
经理	指导教师担任,负责全面管理及人员调配
提货员	小组A,负责物品接运与卸货人员组织
仓管员	小组B,负责填制、核查单证
理货员	小组C,负责入库暂存区物品理货
验收员	小组D,负责收货验收
上架员	小组E,负责物品上架与下架

3) 准备相关表单。

(3) 要求:撰写实训报告,记录学习的收获及心得体会。

 任务实施

【步骤1】接运卸货。

(小组A)提货员:物品接运记录表见表2-1。

表2-1 接运记录表

序号	到达记录					接运记录			交接记录
	通知到达时间	运输方式	发货站	发货人	运单号	日期	件数	接收人	收货人

(1) 了解物品的品名、型号、特性和一般报关知识、装卸搬运注意事项。

(2) 做好接运物品的准备工作,例如准备装卸运输工具,腾出存入物品的场地。

(3)主动了解到货时间和交货情况,根据到货多少,组织装卸人员、机具和车辆,按时前往提货。

(4)提货时根据运单以及有关资料详细核对品名、规格、数量,注意物品外观,查看包装、印封是否完好,有无玷污、受潮、水渍、油渍等异状。若有疑点或不符,当场要求运输部门检查:

对短缺损坏情况,凡属运输方面责任的,应做出商务记录;

属于其他方面责任需要运输部门证明的应做出普通记录,由运输员签字,并注意记录内容与实际情况要相符合。

(5)物品到库后,与保管员密切配合,缩短入库验收时间,并办理内部交接手续。

【步骤2】审查入库凭证。

(小组B)仓管员:

(1)审查入库通知单与订货合同。

(2)审查供货商单证。

(3)审查承运人单证。

【步骤3】物品检验。

(小组C)理货员:

理货员将物品搬入仓库暂存区摆放整齐,待验收员验收。

(小组D)验收员:

验收员检验物品。检验任务表见表2-2。

表2-2 检验任务表

品名	包装单位	生产厂家	数量		质量	
			计划	实际	合格	不合格

验收单见图2-14。

【步骤4】验收。

凡货物进入仓库储存,必须经过检查验收,只有检验合格的货物方可验收入库。验收合格的货物,应及时办理入库手续,建立档案资料并给货主回验收单。验收单见图2-14。

订购单编号:			验收单				编号: 日期:	
编号	名称	订购数量	规格符合		单位	实收数量	单价	总价
			是	否				
是否分批交货	会计科目		厂商供应			合计		
总经理	成本会计 主管	核算	仓库					

图2-14 验收单

【步骤5】入库。

物品验收合格后,仓管员应该为货品办理入库手续,根据物品的实际检验及入库情况填写物品入库单,然后再对物品进行登账、设卡以及建档管理。

(1)填写入库单(图2-15)。

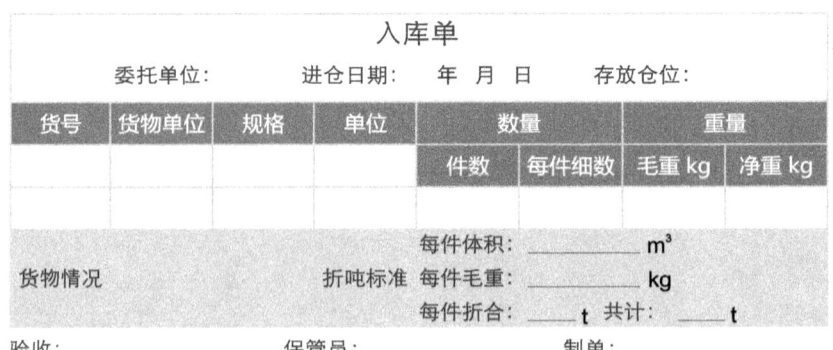

图2-15 入库单

(2)登账。货物明细账见图2-16。

货物明细账

存货名称：					存货编号：		
最高存量：					最低存量：		
年	凭证	摘要	收入	发出	收入	结存	备注

图 2-16 货物明细账

(3)设卡。货位卡见图2-17。

货位卡

委托单位 _____ 进仓通知单编号 _____
货物类别 _____ 进仓日期 _____

			货物来源			
货物名称	规格	批号	标准号	牌号	数量	重量
					件数 | 单位	
备注						

收发员：　　　　　　　　　保管员：

图 2-17 货位卡

(4)建档。建档是将商品入库作业全过程的相关资料进行整理、核对,建立资料档案,为商品的保管及出库业务创造良好的条件。

1)档案的资料范围:

商品出厂时的各种凭证、技术资料;

商品到达至出库前的各种凭证、运输资料;

商品入库验收时的各种凭证、资料;

商品保管期间的各种业务技术资料;

商品出库和托运时的各种业务凭证、资料。

2）建档工作的具体要求：

应一物一档：建立商品档案应该是一物一档。

应统一编号：商品档案应进行统一编号，并在档案上注明货位号，同时，在"实物保管明细账"上注明档案号，以便查阅。

应妥善保管：商品档案应存放在专用的柜子里，由专人负责保管。

【步骤6】如货物存在质量问题，可申请退货。退货单见图2-18。

材料编号	名称	数量	备注

图2-18 退货单

 练一练

（1）物品入库作业流程是什么？

（2）接运物品的方式有哪些？

（3）需要核查的入库凭证有哪些？

（4）物品检验的内容有哪些？

（5）物品验收的方式有哪些？

（6）收货检验有哪些注意事项？

（7）完整的交接手续包括哪些过程？

 实训考核

考核分两部分，即认知考核与操作考核。认知与实训操作个人成绩的总分为100分，计算法则为：

个人成绩＝组内互评成绩×10%＋指导老师评定成绩×20%＋认知与操作考核评定成绩×40%＋实训报告评定成绩×30%

认知与操作考核成绩评定表

组员		小组	
评委			
考核内容	入库操作	分值	每项实际得分
认知考核	4种接运方式	10	
	3类入库凭证	10	
	物品检验内容	10	
	物品检验方式	5	
	物品检验问题处理	10	
	物品入库交接手续	5	
操作考核	接运卸货工作准备及记录	10	
	审查入库凭证	10	
	物品检验及记录	10	
	物品验收单填制	10	
	物品入库工作	10	
合计		100	

个人成绩评定表

评定标准	分值	得分
组内互评（10%）		
指导老师评定（20%）		
认知与操作考核评定（40%）		
实训报告评定（30%）		
合计		

项目三 物品在库作业

任务一 物品的堆码、苫垫操作

实训目标

(1) 了解各种垛形的货物堆码方法;
(2) 了解堆码苫盖的基本要求;
(3) 能够操作各种堆码苫盖。

知识要点

一、堆码、苫盖方法

根据商品的基本性能、外形等不同条件,主要有以下几种堆垛方法:

(1) 重叠式堆垛(图3-1)。逐件逐层向上重叠堆码而成货垛,垛顶呈平面,垛形呈长方体。这种方法比较方便作业和计数,占地面积小、操作方便,但稳定性较差。露天场合下,垛顶表面不利于雨水排泄。适用于整齐、规则,能够垂直叠放的板材、箱装商品、袋装商品等。为了便于板材的计数,往往根据单层厚薄逢五或逢十交错向上码高。

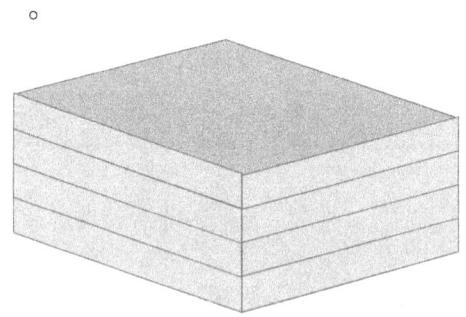

图3-1 板材重叠式堆垛示意图

(2) 纵横交错式堆垛(图3-2)。以一个方向铺放一层商品后,再以垂直方向铺放第二层商品,这样逐层交错堆放,垛顶呈平面。此方法货垛较为稳定,但操作比较复杂,而且层边商品容易滑落,需要捆绑或收进,适用于长短一致的商品。值得注意的是,有些材料,如钢锭等,往往表现为一头大、一头小的特点,堆垛时必须大、小头错开。

图 3-2　纵横交错式堆垛示意图

(3) 仰伏相间式堆垛(图 3-3)。对于上下两面有大小差别或凹凸的商品,如钢轨、槽钢、角钢等,一般将商品一层仰放,再一层伏放,仰伏相间相扣。若露天存放,两端需有高低倾斜以便于排水。该垛极为稳固,但不便于机械化作业,将逐渐被淘汰。

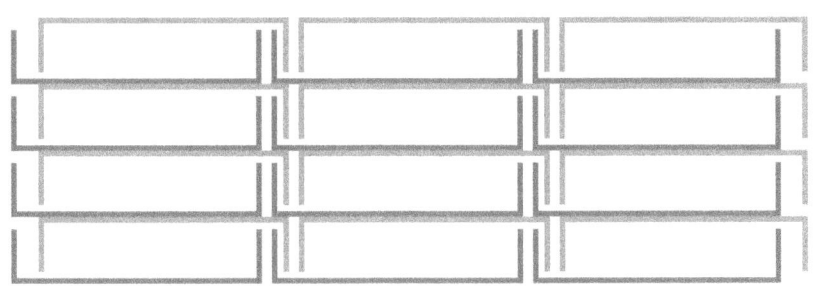

图 3-3　仰伏相间式堆垛示意图

(4) 压缝式堆垛(图 3-4)。对于箱装商品、袋装商品或托盘化商品的堆垛,考虑到垛体的稳定性,将底层商品并排摆放,排列成正方形、长方形或者环形,往往以压缝的方式往上堆码并逐层收小,形成稳定性较好的屋脊形或立体梯形货垛,也可以下层直立堆垛到一定高度后再压缝堆垛。

压缝式堆垛还有一种特殊形式——宝塔式堆垛(图 3-5)。其压缝的方式是上层的商品放在下层四个商品构成的中心上,如此逐层堆高,形成宝塔状。宝塔式堆垛尤其适用于电线电缆。

压缝式堆垛可以提高仓库利用率,同时,由于垛形便于雨水排泄,适用于露天场合的货垛。只是货垛商品的计数稍显复杂。该方法也适用于建筑、卫生陶瓷、阀门等用品。

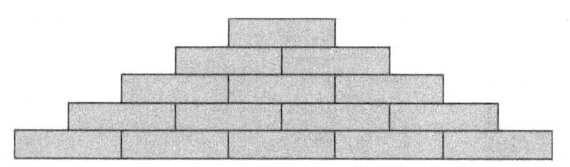 

图3-4　压缝式堆垛示意图　　　　　图3-5　宝塔式堆垛示意图

（5）栽柱式堆垛（图3-6）。码放商品前，在货垛两旁分别栽上两至三根木柱或者钢棒，然后将商品平铺在柱中，每隔几层便在两侧对应的柱子上用铁丝拉紧，以防倒塌。该方法多用于棒材、中空钢管、圆钢等长条状商品的存放，也适合机械化作业。

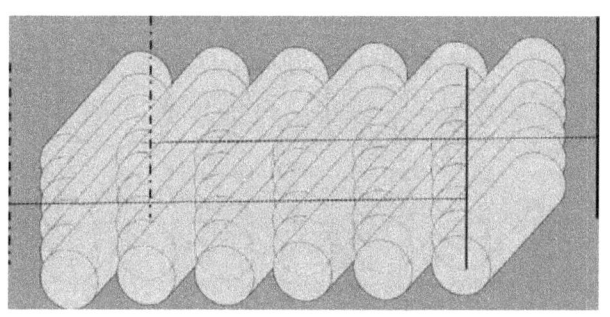

图3-6　栽柱式堆垛示意图

（6）衬垫式堆垛（图3-7）。衬垫式堆垛也称牵制法堆垛，即码垛时每层或者每隔几层铺放衬垫，衬垫物平整牢靠后，再往上码垛的方法。这种方法主要是利用衬垫物使货垛的横断面平整，商品互相牵制，以加强货垛的稳固性。该法适用于不规则的商品，如无包装的电动机、水泵等。

图3-7　衬垫式堆垛示意图

(7)通风式堆垛。通风式堆垛也称间距式堆垛,即商品在堆码时,每两件相邻的商品之间都留有空隙,以便通风,通常有旋涡形(图3-8)、示字形(图3-9),适用于需要通风防潮湿的商品。

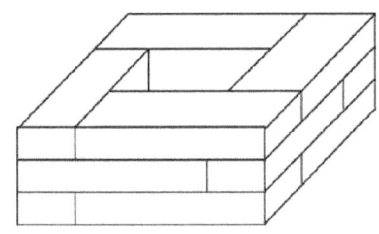 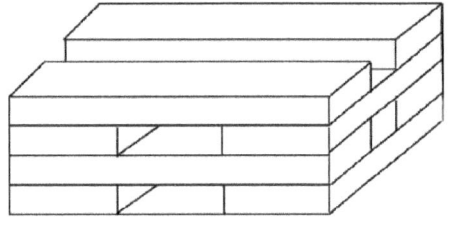

图3-8　旋涡形通风式堆垛示意图　　图3-9　示字形通风式堆垛示意图

(8)直立式堆垛。根据商品的属性,将其保持垂直方向码放的方法。一般是将每批商品按件排成行列的形式,每行或列堆放一层或数层,垛形呈长条形。适用于不能侧压的商品,如玻璃、片状砂轮易碎品,桶装、罐装、坛装商品,橡胶、塑料、沥青等侧压易粘制品。对于直立存放的柱状商品,通常按行(列)直线排放,且相邻两行(列)紧靠,每件商品都卡缝摆放,中间任一商品与周边商品的端面可组合成梅花形图案(图3-10)。该垛形商品摆放紧凑,充分利用商品之间的空隙,提高仓容利用率。若能够多层堆码,堆放第二层及以上时,将每层商品压放在下层的三件商品中间,周边各收半件,形成立体梅花形垛。

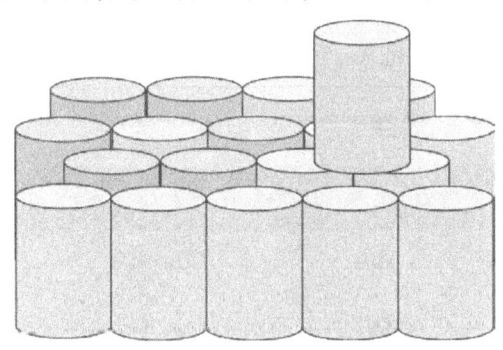

图3-10　梅花垛形示意图

(9)"五五化"堆垛(图3-11)。"五五化"堆垛就是以五为基本计算单位,堆码成各种总数为五的倍数的货垛,以五或五的倍数在固定区域内堆放,使商品"五五成行、五五成方、五五成包、五五成堆、五五成层、五五成串",堆放整齐,上下垂直,过目知数,流动后零头尾数要及时合并。便于商品的数量控制、清点盘存。

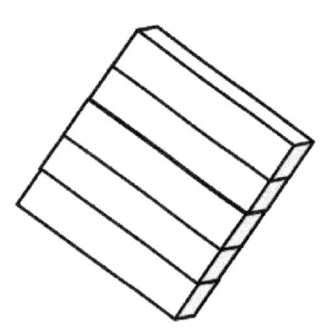
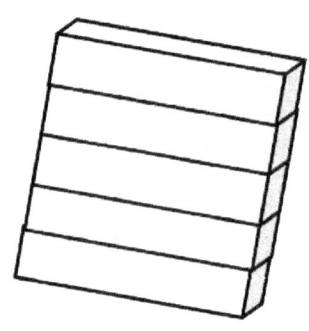
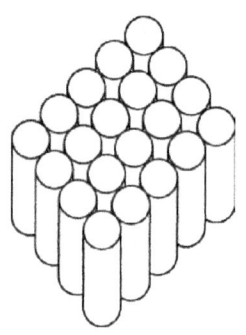

图3-11 "五五化"堆垛图例

二、码垛的基本要求

（1）合理。仓库应根据商品的性能和特点，选用合适的垛形。

货垛有"五距"，即垛距、顶距、墙距、柱距、灯距，如表3-1所示。

表3-1 货垛的"五距"

		距离	目的
垛距	库房	30～50 cm	通风，检查
	货场	>50 cm	
顶距		50～90 cm	通风
墙距	内墙	10～30 cm	隔离潮湿，通风
	外墙	10～50 cm	
柱距		10～30 cm	隔离潮湿，保护柱脚
灯距		>50 cm	防火

几种不合理的托盘堆码情况(图 3-12 至图 3-14):

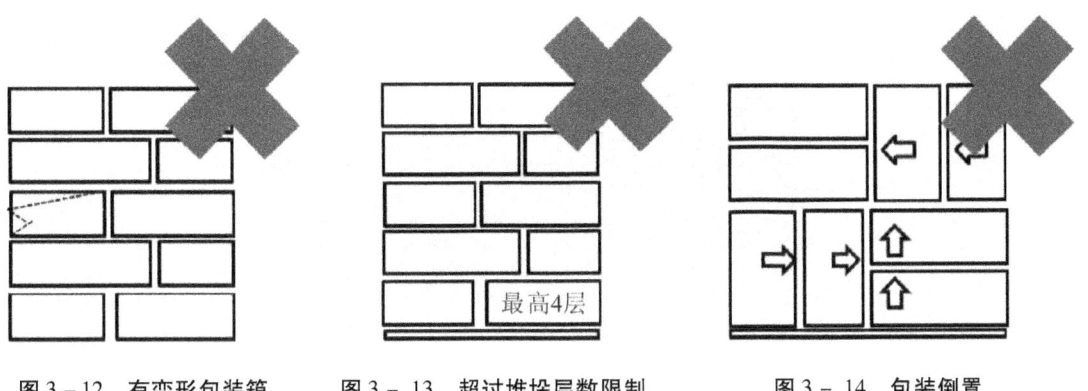

图 3-12　有变形包装箱　　图 3-13　超过堆垛层数限制　　图 3-14　包装倒置

(2)牢固。货垛必须不偏不斜、不歪不倒、稳定牢固(图 3-15、图 3-16)。必要时,可使用衬垫、绳网、木柱、钢柱。

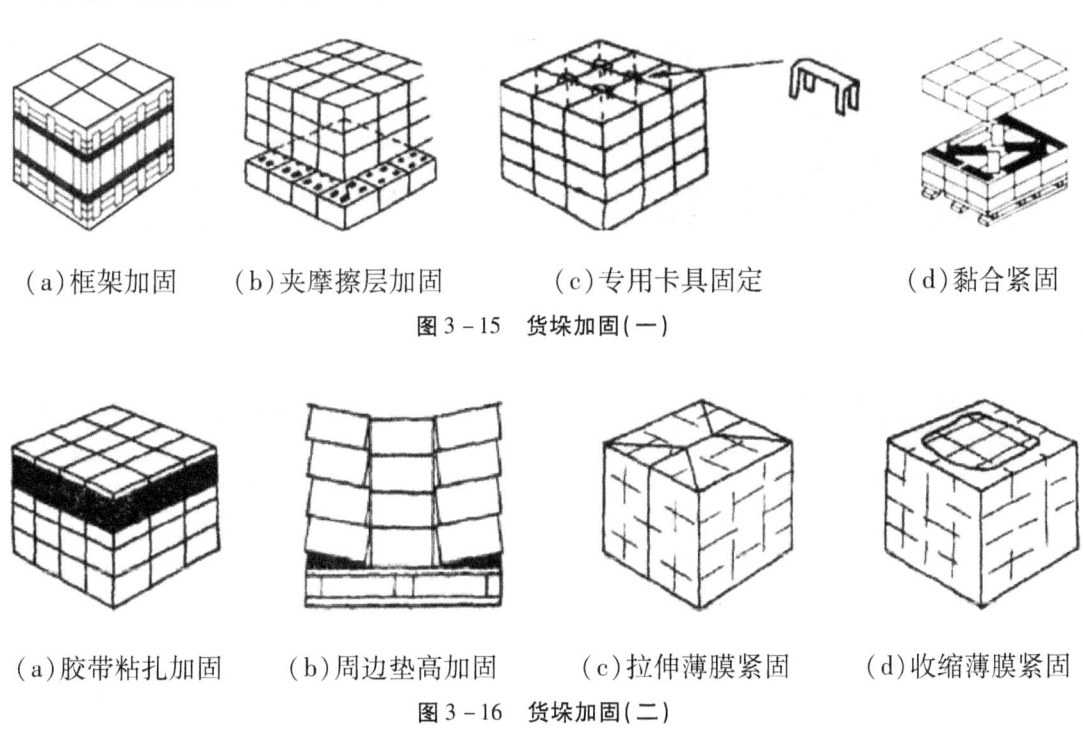

(a)框架加固　　(b)夹摩擦层加固　　(c)专用卡具固定　　(d)黏合紧固

图 3-15　货垛加固(一)

(a)胶带粘扎加固　　(b)周边垫高加固　　(c)拉伸薄膜紧固　　(d)收缩薄膜紧固

图 3-16　货垛加固(二)

三、苫盖的方法

(1)就垛苫盖法。直接使用苫盖物覆盖在货垛上(图 3-17)。该法操作方便,但不具备通风条件,适用于起脊形垛或大件商品的苫盖。可用帆布、油布或塑料布作为苫盖物。

图3-17 就垛苫盖示意图

（2）鱼鳞式苫盖法。将苫盖材料从货垛底部开始,自下而上呈鱼鳞式逐层交叠围盖（图3-18）,每件苫盖材料都需要固定,可于苫盖材料下端处加隔离板或向内反卷以达到通风透气的效果（图3-19）。该法通风条件较好,但操作比较烦琐。

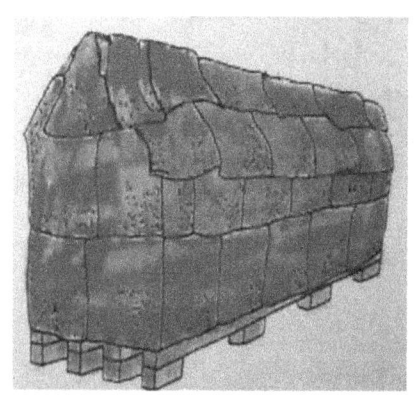

图3-18 鱼鳞式苫盖示意图

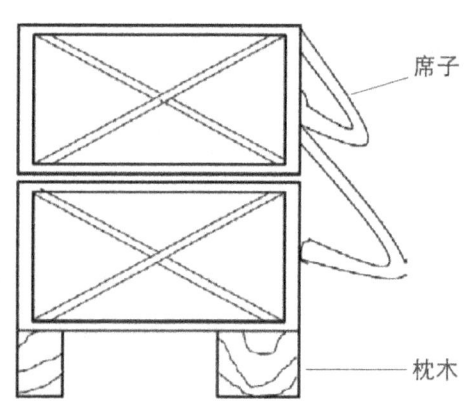

图3-19 席卷反转隔离苫盖

（3）隔离苫盖法。苫盖材料与商品货垛不直接接触,使用竹竿、木条、隔离板等架空苫盖物,与货垛间留有一定空隙。有利于隔热,又便于排水通风。

（4）活动棚苫盖法。将苫盖物制成一定形状的棚架,棚架支脚装有滑轮,可整体推动到达或退出货位。该法操作方便,具有良好的通风条件。活动棚本身需要占用仓库位置,固定轨道要占用一定的使用面积,需要较高的购置成本。

四、苫盖的要求

苫盖的目的是防晒、防雨、防风、防尘。为了达到这些目的,苫盖必须满足下列基本要求：

（1）选料合理。苫盖材料的选用应符合"防火、安全、经济、耐用"的要求，还要结合商品对苫盖物的要求，如在易燃易爆品仓库里，不得使用芦席、油毡纸等易燃苫盖物。

（2）符合苫盖的技术规范。无论采用何种苫盖方法，苫盖材料都应该加以固定，确保风刮不开。苫盖的接口要有一定程度的叠盖，不能留有空隙。苫盖材料表面平整，没有凹陷，避免雨雪后积水渗入货垛。苫盖的底部与垫垛平齐，不腾空或拖地，一般离开地面 10 cm 以上，既防雨水渗入，又利于垛底通风。

任务书

本任务设计为"联想电脑 G3000 入库堆存"，进行堆码、苫垫作业，涉及堆码、苫盖作业的 5 个基本技能。任务在物流实训室分组完成，学生利用实训室货物纸箱、托盘、帆布、绳索等工具，分别进行货物堆码苫垫操作。

【背景资料】

有一批联想电脑 G3000 需要入库堆存，请对其进行堆码苫垫作业。该电脑体积：580 mm×320 mm×510 mm。堆码极限为 7 层。仓库情况良好，暂无积水现象。

任务分析

本任务为货物的堆码、苫垫操作。本次操作任务，需要学生集体配合完成，充分体现团队合作精神。操作中应注意堆码、苫盖方法，对商品是否需要垫底进行分析，对苫盖材料的选择以及苫盖进行分析及操作。通过完成实训任务，让学生掌握货物堆码与苫垫作业，会根据货物设计堆放方案，会各种堆码苫盖的操作，会判断堆码苫盖方式的正确与否。

（1）参考学时：6 学时。

(2)准备:相关理论知识与实训设备的准备。
(3)要求:撰写实训报告,记录学习的收获及心得体会。

任务实施

【步骤1】检查工具和实训物品:
(1)联想电脑G3000(用电脑空纸箱代替,每组电脑纸箱40个);
(2)托盘2个;
(3)苫布多块,绳索1组;
(4)枕木4根,厚木板1块。

【步骤2】布置项目任务,学生分组,10人为一个小组来完成此项目的操作。

【步骤3】教师给出需要入库堆码的商品,学生以小组为单位通过讨论的形式,对商品是否需要垫底进行分析。

材料选择分析:所给垫底材料有托盘、帆布、钢板等。此类商品需要垫底,原因为需要防潮,所以应尽可能选用既有利于隔潮又有利于通风排湿的材料,同时还要考虑经济原则,充分利用现有材料。基于上述原因,故选择托盘。

【步骤4】把给出的题目进行分析解答,并分析所给商品如果需要垫底,应该选择何种垫底材料,并进行垫底操作。

垫底操作分析:将托盘的出入孔面向通道摆放平整即可。如果有剩余材料,可以在托盘上衬垫一层帆布,将更有利于隔潮。

【步骤5】商品堆码方法分析。
(1)商品形状分析:电脑为箱装货物,体积为580 mm×320 mm×510 mm。
(2)商品堆码高度分析:包装堆高限定为7层,所以堆码不超过7层。
(3)垛形选择:平台垛。

【步骤6】进行商品的堆码操作。

【步骤7】小组讨论决定,分析是否需要苫盖。

苫盖分析:所给商品为电器,需要在库内封存一段时间,需要长时间存放,考虑到防尘要求,需要进行苫盖。

【步骤8】苫盖材料的选择以及苫盖操作。
(1)材料选择分析:所给材料为铁皮、苫布、席子等,考虑其垛型为平台垛,故使用柔韧性好且大面的苫盖材料苫布较为适合。

(2)苫盖操作方法分析:所给商品堆码时采取的是正反交错式,其垛型为平台垛,所以应该采用就垛苫盖法。

(3)苫盖操作分析:将大面积的苫布折叠好后,苫盖于货垛表面,扯平拉直平面,底部要与货垛底部平齐。

【步骤9】苫盖后进行紧固操作。

待项目完成后,要关闭电源,将实训室商品、工具、设备恢复原样,清点工具并归还教师,认真填写实验设备使用情况,打扫实验室卫生。

练一练

观察下列图片,判断苫盖方式是否正确。如果错误,请指明错误的原因,并填入下表。

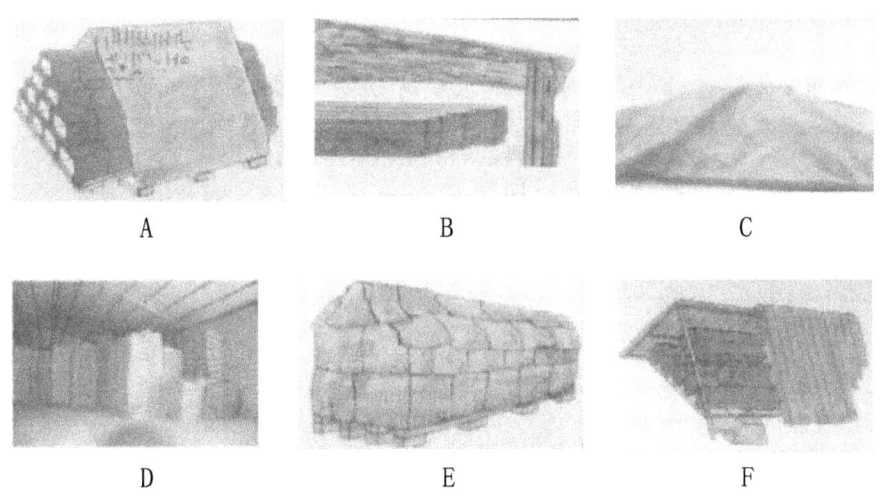

| A | B | C |
| D | E | F |

货物苫盖方式识别

编号	苫盖方式	错误原因
A		
B		
C		
D		
E		
F		

实训考核

一、技能训练评价表

被考核组别或个人						
考评地点						
考评内容						
考评标准		分值	自我评价	他组评价	教师评价	实际得分
	充分准备实训情况	10				
	正确、完整查阅实训所需资料	20				
	积极参与讨论,良好完成实训各项分任务	60				
	团队合作精神	10				
备注						

二、能级标准

1级标准:在教师指导下,能部分完成此项实训项目。

2级标准:在教师指导下,能全部完成此项实训项目。

3级标准:能独立完成此项实训项目。

4级标准:能独立地又好又快地完成此项实训项目。

5级标准:能独立地又好又快地完成此项项目,并能指导其他人。

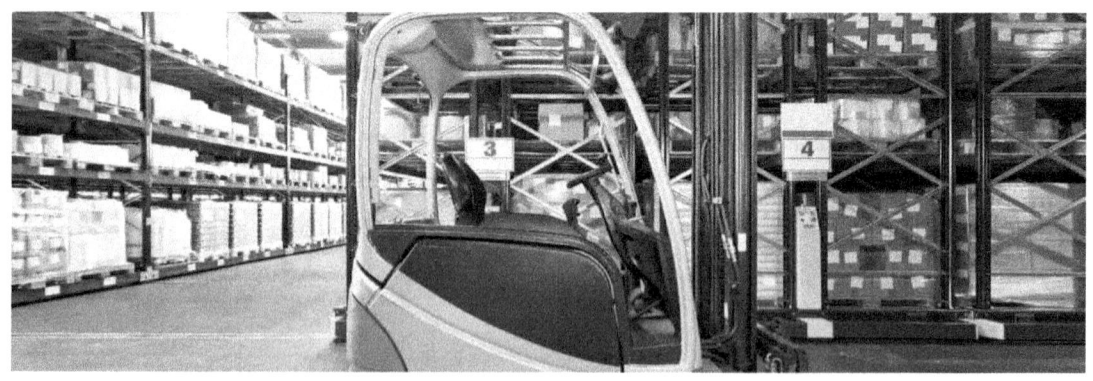

任务二 物品盘点作业

 实训目标

（1）熟悉盘点的方法；
（2）熟悉盘点流程；
（3）熟练盘点作业；
（4）会制作和填写相关表单；
（5）会根据盘点差异进行处理。

 知识要点

一、盘点的目的

1. 查清实际库存数量

由于众多原因（如：收发中记录库存数量时多记、误记、漏记，作业中导致货物损坏、遗失，验收与出货时清点有误，盘点时误盘、重盘、漏盘等），往往会导致账面库存数量与实际存货数量不符，通过盘点清查实际库存实物数量与账面数量、货卡数量的相符情况，同时还可以查出账外货物的数量，发现问题并查明原因，及时进行调整。

2. 计算企业资产的损益

库存货物总金额直接反映企业流动资产的使用情况。库存量过高，流动资金的正常运转将受到威胁；而库存金额又与库存量及其单价成正比。盘点可以准确地计算出企业实际损益。

3. 发现货物管理中存在的问题

通过盘点查明盈亏原因，发现作业与管理中存在的问题，例如，查明超储积压货物的数量，并采取相应的措施，可以提高库存管理水平，减少损失。

二、盘点的内容

1. 查数量

通过点数、计数查明货物在库的实际数量，核对库存账面资料与实际库存数量是否一致。

2. 查质量

检查在库货物的质量有无变化、有无超过有效期和保质期、有无长期积压等现象,必要时还必须对货物进行技术检验。

3. 查保管条件

检查保管条件是否与各种货物的保管要求相符合。如:堆码是否合理稳固,库内温度是否符合要求,各类计量器具是否准确等。

4. 查安全状况

检查各种安全措施和消防器材是否符合安全要求,建筑物和设备是否处于安全状态。

三、盘点的步骤

盘点作业一般根据以下几个步骤进行:盘点计划、确定盘点时间、确定盘点方法、盘点人员培训、整理盘点现场、实地盘点、查清差异原因、处理盘点结果,如图3-20所示。

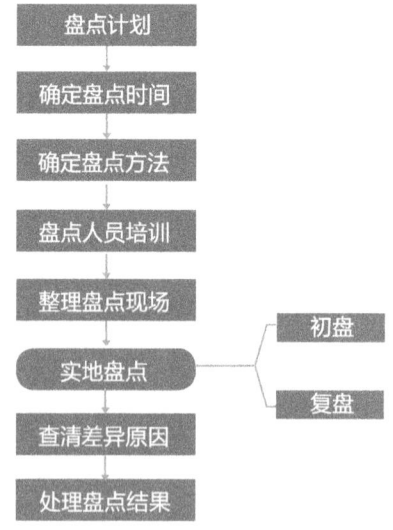

图3-20 盘点作业步骤

四、常见的盘点方法

(1)账面盘点法。账面盘点法是指将每一种货物分别设立各自的"存货账卡",然后将每一种货物的出入库数量及有关信息记录在账面上,逐笔汇总出账面库存结余量。

(2)现货盘点法。现货盘点法是指对库存货物进行实物盘点的方法。按盘点时间频率的不同,现货盘点又分为期末盘点和循环盘点。

(3)重点盘点法。重点盘点法是对进出库动态频率高或易损耗或价值昂贵的货物所采取的一种盘点方法。

(4)全面盘点法。全面盘点法是指对在库货物进行全面的盘点清查,多用于清仓查库或年终盘点。

(5)临时盘点法。临时盘点法又称突击性盘点,是指在台风、梅雨、严冬等灾害性季节里进行临时性突击检查。

(6)动态盘点。动态盘点是指核对动态货品的数量是否与系统相符。

五、查清差异原因

盘点会将一段时间以来积累的作业误差及其他原因引起的账物不符等情况暴露出来。发现账物不符,而且当差异超过容许误差时,应立即追查产生差异的原因。一般而言,产生盘点差异的原因主要有如下几个方面:

(1)信息员素质不高,出入库作业登录数据时发生错登、漏登等情况。

(2)账务处理系统管理制度和流程不完善,导致货品数据不准确。

(3)盘点时发生漏盘、重盘、错盘等计数错误现象。

(4)盘点前数据未结清,使账面数不准确。

(5)因环境条件的影响,使货物挥发、硬化、生锈、发霉等。

(6)由于盘点人员不尽责导致货物损坏、丢失等后果。

(7)运输过程中发生损耗,但入库验收时未发现。

六、处理盘点结果

查清原因后,为了通过盘点,使账面数与实物数保持一致,需要对盘点盈亏和报废品一并进行调整。除了数量上的盈亏,有些货物还会通过盘点进行价格的调整。这些差异的处理,可以经主管审核后,用货品盘点数量盈亏、价格增减进行更正。盘点结果属于合理盈亏(如:超过保管期、货物的质量情况已不适合存放)时,应填制盈亏报表。合理盈亏是指货物损耗在允许的范围内,属于合理的自然损耗。盘点结果超过允许范围(如:货物损耗过多,超过正常值)时,应填制报损单,并查明原因、分清责任,在仓库领导批准后做报损处理。通常情况下,保管员应承担一定的经济责任。库存货物盘点发现盈亏后,应对盈亏的结论是否真实、凭证是否遗失、盘点是否有遗漏、盈亏是否在额定的损耗和允许的磅差范围内、原因分析是否合理等进行分析,以确保盘点工作的准确性。

任务书

本任务设计为"学校仓库现有的库存图书进行盘点"作业,涉及盘点作业的6个基本技能。任务在学校图书保管室分组完成,学生根据实训教师要求,准备好盘点作业所需表格,分组进行货物盘点操作。

【背景资料】

学期即将结束,学校准备开展新学期的教材征订工作,为了尽量避免过多库存,造成浪费,需要对学校仓库现有的库存图书进行盘点。账面显示现存教材见表3-2。

表3-2 学校仓库现存教材

货位	货号条码	教材名称	出版社	作者	账存
A-01-01	2013875069765	仓储管理实务	高等教育出版社	陆超	56
B-01-02	3013865069766	仓储与配送实务	华东师范大学出版社	陈雄	14
C-01-03	2012875069865	物流企业成本核算	高等教育出版社	常莉	10
D-01-14	5011875069743	物流客户服务	高等教育出版社	郑彬	8

项目三 物品在库作业

任务分析

本任务为货物盘点操作。本次操作任务,需要学生集体配合完成,充分体现团队合作精神。教师下达盘点任务,划分盘点区域,并进行人员分工:将仓库划分为几个区域,每个区域派三个学生,一人负责初盘,一人负责复盘,一人负责核对初盘、复盘的盘点结果有无差异,如有差异需及时处理。通过完成实训任务,让学生会根据货物性质和盘点要求制订盘点计划,会根据货物选择合适的盘点方法,熟悉盘点流程,熟练盘点作业,会制作和填写相关表单,会根据盘点差异进行处理等技能。

(1)参考学时:6学时。

(2)准备:相关知识的准备、相关设备的准备。

(3)要求:撰写实训报告,记录学习的收获及心得体会。

任务实施

【步骤1】盘点前的准备工作。

盘点时间:2013年12月底,所需人员:教材科老师1名,物流专业老师1名,学生40名,所需时间:1天,盘点表格:盘存单(30张以上),盘存盈亏汇总表(10张以上),盘点方法:大盘点,即对学校仓库内图书的全部库存进行全面盘点。

【步骤2】下达盘点任务,进行分工。

教师下达盘点任务,划分盘点区域,并进行人员分工:将仓库划分为几个区域,每个区域派三个学生,一人负责初盘,一人负责复盘,一人负责核对初盘、复盘的盘点结果(表3-3)有无差异。

表3-3 盘点记录表

序号	盘点票号	货物编号	品名	规格	单位	初盘数量	复盘数量	确认数量	备注
1									
2									
3									
4									
5									

初盘员: 复盘员:

【步骤3】进行实物盘点。

初盘员到仓库主管处领取空白盘点记录表,先清点所负责区域的商品,将清点结果填入"初盘数量"一栏;复盘员同样到仓库主管处领取空白盘点记录表,将清点结果填入"复盘数量"一栏;如果复盘数量和初盘数量不一致,则由第三人进行再次清点,以确认最终数量。

【步骤4】盘点结果反馈。

完成货物的盘点任务后,进行盘点反馈。

【步骤5】核对盘点结果与账面数量,分析差异原因。

核对账面数量与实物数量是否一致,如果发现不一致则要查找差异原因,并填写盘点盈亏表(表3-4)。

表3-4 盘点盈亏表

序号	盘点票号	货物编号	品名	规格	单位	实盘数量	账面数量	差异数量	差异原因

核准:　　　　　　复核:　　　　　　　　　　　制表:

【步骤6】盘点结果处理。

当盘点结束后,发现所得数据与账面资料不符时,应追查差异的主要原因。由库房主管对盘点结果进行调整。库房主管可以查看盘点的结果,若问题比较多,可要求重新盘点;若盘点结果真实无误,可调整库存。设置完成后由主管签字确认。

 练一练

星天科技有限公司在浙江航宇物流公司仓库储存了6542件货物,存放了60天,共进行了6次盘点,每10天盘点一次。由于货物特性,每次盘点需废弃已损货物,只对余货计数。已知每次盘点剩余分别是6202、6150、6116、6031、5923、

5887。请完成以下问题：

(1)请将每次的盘点结果填入盘点表。

(2)试分析其盘差率,并给出该批货物的保管方案。

(3)航宇物流公司仓储部门存在哪些问题？

实训考核

一、技能训练评价表

被考核组别或个人						
考评地点						
考评内容						
		分值	自我评价	他组评价	教师评价	实际得分
考评标准	充分准备实训情况	10				
	正确、完整查阅实训所需资料	20				
	积极参与讨论,良好完成实训各项分任务	60				
	团队合作精神	10				
备注						

二、能级标准

1级标准:在教师指导下,能部分完成此项实训项目。

2级标准:在教师指导下,能全部完成此项实训项目。

3级标准:能独立完成此项实训项目。

4级标准:能独立地又好又快地完成此项实训项目。

5级标准:能独立地又好又快地完成此项项目,并能指导其他人。

任务三 物品保管与养护作业

 实训目标

（1）了解各种货物类型的保管保养方法；
（2）能够填制仓库日常检查记录表；
（3）能够填制仓库商品异常状况表；
（4）能够根据货物储存情况进行在库检查；
（5）能够记录仓库的温度、湿度，了解温度、湿度变化的影响因素。

 知识要点

一、引起库存货物变化的因素

货物质量发生变化，通常是由一定因素引起的。为了保养好货物，确保货物的安全，必须找出引起变化的原因，掌握货物质量变化的规律。货物在存储过程中进行的保养和维护工作就是货物养护。通常引起货物变化的因素可分为内因和外因，内因决定了货物变化的可能性和程度，外因则是促进这些变化产生的条件。

（一）影响库存货物变化的内因

1. 货物的物理性质

货物的物理性质是指货物的形态、结构，以及在湿、热、光等作用下，发生变化时不改变货物质量的性质。货物的物理性质主要包括吸湿性、导热性、耐热性、透气性等。

2. 货物的机械性质

货物的机械性质是指货物的形态、结构在外力作用下的反应。货物的这种

性质与其质量关系极为密切,是体现适用性、坚固耐久性和外观的重要内容,它包括货物的弹性、可塑性、韧性、脆性等力学特性。这些货物的机械性质对货物的外观及结构变化有很大的影响。

3. 货物的化学性质

货物的化学性质是指货物的形态、结构以及货物在光、热、氧、酸、碱、温度、湿度等作用下,发生变化时会改变货物本质的性质。与货物储存紧密相关的化学性质包括货物的化学稳定性、毒性、腐蚀性、燃烧性、爆炸性等。

4. 化学成分

(1)无机成分的货物。

(2)有机成分的货物。

5. 货物的结构

货物的种类繁多,各种货物又有各种不同形态结构,所以要求用不同的包装盛装。

(二)影响货物质量变化的外因

货物在储存期间的变化虽然是货物内部活动的结果,但与储存的外界因素也有密切关系。这些外界因素主要包括自然因素、人为因素和储存期。

1. 自然因素

自然因素主要指温度、湿度、有害气体、日光、尘土、杂物、虫鼠雀害、自然灾害等。

2. 人为因素

人为因素是指人们未按货物自身特性的要求或未认真按有关规定和要求作业,甚至违反操作规程而使货物受到损害或损失的情况。这些情况主要包括:

(1)保管场所选择不合理。

(2)包装不合理。

(3)装卸搬运不合理。

(4)堆码苫垫不合理。

(5)违章作业。在库内或库区违章明火作业、烧荒、吸烟等,都可能引发火灾,造成更大的损失及危害。

3. 储存期

货物在仓库中停留的时间越长,受外界因素影响发生变化的可能性就越大,而且发生变化的程度也越深。

综上所述,货物质量变化是内外因共同作用的结果。货物养护的基本要求就是了解货物的保管性能、严格验收入库货物、合理选择存储条件,以减缓外界因素对货物质量的不良影响。

二、普通货物保管与养护

货物生化变化产生的原因及相应保管保养措施见表3-5。

表3-5 货物生化变化产生原因及相应保管保养措施

变化类型	产生原因或影响	受影响的货物	保管保养措施
挥发	气体经汽化,液体经挥发,固体经升华	香精、白酒、香水、化学试剂、农药、汽油、油漆等	防日照和过冷过热,与含水物较多的货物分区
溶化	固体货物因吸湿变为液体	食糖、糖果、硼酸、无机盐等	分类储存,注意包装、防潮、防湿
熔化	低熔点货物受热软化或液化	香脂、发蜡、松香、石蜡、蜡烛、油膏、胶囊、糖衣片	在阴凉通风的库房内储存,注意密封、隔热、防日照
渗漏	因包装破损,液体或膏状物发生跑冒滴漏	液状物品或膏状物品	加强包装管理,做好温湿度控制与管理
串味	吸附性较强的货物因吸附其他气体、异味所致	大米、面粉、木耳、食糖、饼干、茶叶、卷烟等	采用密闭包装,储存和运输过程中不混存、不混运
沉淀	含胶质和易挥发成分的货物,在高低温下发生部分凝固	墨汁、雪花膏、汽油、牙膏、饮料、酒品等	防日照和过冷过热,改善生产、运输、储存过程
玷污	因脏物、污物使货物外表受影响	纺织品、纸张、印刷品、精密仪器、仪表等	改善卫生条件,加强包装管理
破损与变形	受到碰、撞、挤、压和抛掷而破损、变形	玻璃、陶瓷、搪瓷、皮革、塑料、橡胶制品等	妥善包装,轻拿轻放,不要超高堆码
氧化	货物与空气中的氧气或其他能放出氧气的物质接触,发生与氧气结合的化学变化	化工原料、纤维制品、橡胶制品、金属材料、油脂、亚硝酸钠等	干燥、通风、防潮、防热
分解化合	在力、电、声、光、热、酸、碱及潮湿空气等条件下发生分解或化合反应	双氧水、漂白粉、熟石灰、电石等化工产品	妥善包装,防潮、防热、防日照等

续表 3-5

变化类型	产生原因或影响	受影响的货物	保管保养措施
水解	货物遇水发生水解反应（酸、碱对水解反应有促进作用）	化工原料中的无机盐、化学试剂,油脂、硅酸盐、肥皂、羊毛制品、棉纤维等	采用阻隔包装,储存过程中注意防潮和分类储存
锈蚀	受潮湿空气影响发生氧化反应、电化学反应造成电化学腐蚀	金属材料、金属制品、机械设备等	防潮、防热,进行表面处理
聚合	在日光、氧气、高温等条件下发生聚合、缩合反应,改变货物性质	有机合成单体、植物油等	防日照和过热
裂解	在日光、氧气、高温等条件下,有机高分子产生断键,分子量降低	橡胶,塑料,合成纤维、棉、麻、丝、毛制品等	防日照和过热
风化	含结晶水的物质,在一定温度下失去结晶水,货物发生解体,改变原来的形态和性质	化学试剂、化工原料、玻璃、硫酸锌等	密封包装,控温、控湿
老化	含有高分子有机物成分的货物,在日光、氧气、高温等因素的作用下,性能逐渐变差	橡胶、塑料、合成纤维等	防日照和过热
呼吸作用	有机体货物在生命活动过程中,不断地进行呼吸,分解体内有机物,产生热能,维持其本身的生命活动	原粮、水果、蔬菜、鲜鱼、鲜肉等	调节储存气温,保证有机体货物正常而最低的呼吸
发芽	有机体货物在适宜的条件下,在酶的作用下,冲破"休眠"状态	原粮、种子等	控制货物的水分,加强温湿度管理
胚胎发育	大大降低禽蛋的新鲜度和食用价值	禽蛋	低温储存、气调储存（终止供氧条件）,或采用饱和石灰水浸藏
后熟作用	后熟是指瓜果、蔬菜类食品在脱离母株后继续其成熟过程的现象。瓜果、蔬菜等的后熟作用,将改进色、香、味以及适口的硬脆度等食用性能	瓜果、蔬菜	成熟前入库,并立即控制储藏条件来调节其后熟过程

任务书

本任务设计为"江苏经纬物流有限公司仓库新进商品制订储存保管养护方案"作业,涉及货物保管保养作业的五个基本技能。任务在教室或实训室分组完成,学生根据实训教师要求,准备好保管养护作业所需资料和表格,分组进行货物保管养护操作。

【背景资料】

江苏经纬物流有限公司仓库里有新进的金属制品、香脂、茶叶、陶瓷、水果五类产品(表3-6),请根据这些物品的性质及储存保管要求,制订储存保管养护方案。要求:方案不仅具有针对性和可操作性,而且环保,并体现成本节约原则。

表3-6 江苏经纬物流有限公司仓库新进产品

	金属制品	香脂	茶叶	陶瓷	水果
保管方法或条件					
注意事项					

任务分析

本任务为货物保管保养操作。本次操作任务,需要在教师下达保管养护任务后,学生绘制仓库日常检查表和仓库商品异常情况表,以项目组为单位,结合所学,设计仓库货品保管保养作业方案。本任务也可在校物流实训室完成,学生使用仓储设备以及光、电和药剂等,通过采用物理的、化学的或生物的方法完成对库存货物的养护与保管工作;通过完成实训任务,使学生会根据货物储存情况进行在库检查;会记录仓库的温度、湿度,并进行有效控制;会根据仓库货品设计保管保养作业方案。

(1)参考课时:8课时。

(2)准备:相关知识的准备。

(3)要求:撰写实训报告,记录学习的收获及心得体会。

任务实施

【步骤1】学生分组完成实训任务,理解任务内容,学习本任务核心知识。

【步骤2】各小组通过网络或者书籍等资源查阅,熟悉任务中5种货物的属性,查找所需要的资料,讨论完成任务书的内容。可以在小组内进行分工,不同的人设计不同的方案,最后小组共同讨论修订。

【步骤3】小组成果展示。每组代表将小组完成任务情况向大家做展示(以书面或PPT的形式)。展示内容一般包括5种货物的保管方法、注意事项,对内容进行讲解和分析。

【步骤4】各小组对展示内容自评和互评。

【步骤5】各小组把任务书交给指导教师。

练一练

以小组为单位,结合所学,给学校各部门保管室设计一个保管保养方案,每个项目组派一名代表对本组的设计方案进行介绍。

实训考核

一、技能训练评价表

被考核组别或个人						
考评地点						
考评内容						
考评标准		分值	自我评价	他组评价	教师评价	实际得分
	充分准备实训情况	10				
	正确、完整查阅实训所需资料	20				
	积极参与讨论,良好完成实训各项分任务	60				
	团队合作精神	10				
备注						

二、能级标准

1级标准：在教师指导下，能部分完成此项实训项目。

2级标准：在教师指导下，能全部完成此项实训项目。

3级标准：能独立完成此项实训项目。

4级标准：能独立地又好又快地完成此项实训项目。

5级标准：能独立地又好又快地完成此项项目，并能指导其他人。

任务四　仓库安全与防护

实训目标

（1）掌握必备的仓库安全知识；
（2）了解仓库火灾知识；
（3）掌握仓库灭火方法；
（4）认识常见的消防设备及使用方法；
（5）能够使用常见的灭火设备。

知识要点

一、遇到火灾怎么办

（1）遇到火灾时，人的身上很容易着火。一旦发生这种情况，首先不要惊慌乱跑，乱跑只能让火越烧越旺，应该立即就地打滚，压灭身上的火苗。

火灾时，大量一氧化碳等有毒气体和空气都集中在房屋的上方，由于烟和热气的上升，离地近的地方，空气反而比较清洁，温度也比较低，人呼吸起来就比较容易。所以，逃离火场时，最好采用爬行的姿势。火灾出现有其突发性，一旦火灾降临到自己身边，千万要镇静，切不可惊慌失措，以免出现错误的判断、错误的行动，受到不应有的损失。

（2）常言说得好："报警早，损失小。"火灾发生后，如果消防队早一分钟到达火灾现场，就会减少一分灾情。所以，应以最快的速度报告火警，也可向周围的人求救或报告火警。千万要记牢火警电话——119。

二、火灾种类

A 类火灾:指固体物质火灾,如木材、棉、毛、麻、纸张等介质引起的火灾。

B 类火灾:指液体火灾和可熔性的固体物质火灾,如汽油、煤油、原油、甲醇、乙醇、沥青等介质引起的火灾。

C 类火灾:指气体火灾,如煤气、天然气、甲烷、丙烷、乙炔、氢气等介质引起的火灾。

D 类火灾:指金属火灾,如由钾、钠、镁、钛、锆、锂、铝镁合金等燃烧引起的火灾。

E 类火灾:指电器火灾。

三、灭火器的种类

灭火器的种类很多,按其移动方式可分为手提式和推车式,按驱动灭火剂的动力来源可分为储气瓶式、储压式、化学反应式,按所充装的灭火剂类型则又可分为泡沫、干粉、卤代烷、二氧化碳、酸碱、清水等。

(1)泡沫灭火器适用的火灾种类:

适用于扑救一般 B 类火灾,如油制品、油脂等火灾,也可用于 A 类火灾,但不能扑救 B 类火灾中的水溶性可燃、易燃液体的火灾,如醇、酯、醚、酮等物质火灾,也不能扑救带电设备及 C 类和 D 类火灾。泡沫灭火器一般为手提式灭火器(图 3 – 21)。

(2)推车式泡沫灭火器(图 3 – 22)适用的火灾种类:

其适用火灾种类与手提式化学泡沫灭火器相同。喷射时间长,因而可充分发挥其优势,用于扑救较大面积的储槽或油罐车等处的初起火灾。

图 3 – 21　手提式灭火器　　　　图 3 – 22　推车式灭火器

(3)酸碱灭火器适用的火灾种类:

适用于扑救 A 类物质燃烧的初起火灾,如木材、织物、纸张等燃烧的火灾。

它不能用于扑救 B 类物质燃烧的火灾,也不能用于扑救 C 类可燃性气体或 D 类轻金属火灾,同时也不能用于带电物体火灾的扑救。

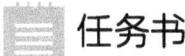 **任务书**

本任务设计为"云南诚信物流公司如何开展仓库的安全工作设计安全方案"作业,涉及仓库安全与防护作业的 4 个基本技能。任务在教室分组完成,学生根据实训教师要求,准备好安全防护作业所需资料和表格,分组进行安全防护方案设计操作。本任务还可带学生到大型仓储中心实地参观学习,并在学校操场实际演练灭火器材的使用。

【背景资料】

云南诚信物流公司为了确保仓库内储存的货物在保管过程中不会再出现各种受损情况,要求提高仓库的防盗、防火能力,改善仓库的安全作业水平。你作为库房的保管人员,将如何开展仓库的安全与防护工作呢?

 任务分析

本任务为货物安全防护操作。完成本次操作任务,需要在教师下达安全防护任务后,以项目组为单位,根据收集的资料制定仓库安全管理制度,检查并改善仓库防盗能力,检查仓库的消防设备情况,检查并改善仓库防电能力,设计仓库安全防护作业方案。通过完成实训任务,使学生掌握必备的仓库安全知识,能根据规定制定仓库相关岗位的安全操作规程,会使用常见的灭火设备等。

(1)参考课时:4 课时。

(2)准备:相关知识的准备。

(3)要求:撰写实训报告,记录学习的收获及心得体会。

 任务实施

【步骤1】制定仓库安全管理制度(示例)。

根据《中华人民共和国安全生产法》及《中华人民共和国消防法》的相关规定,依据"安全第一,预防为主"和"预防为主,防消结合"的工作方针,为确保仓库的绝对安全,结合仓库的实际情况,制定仓库安全管理制度。制定的制度应包括:

(1)人员出入管理规定。

(2)货物加工存放规定。

(3)电源设备管理规定。

(4)车辆出入管理规定。

(5)消防安全管理规定。

(6)监控管理规定。

(7)安全管理人员职责。

(8)奖惩规定。

【步骤2】检查并改善仓库防盗能力。

内容应包括对出入仓库人员身份的确认,货物出库时的检查,防盗设施设备的检查,各类货物的入库、领用、借用、归还、交换和核对等方面(表3-7)。

表3-7 仓库防盗能力检查记录表

序号	防盗设施设备	数量	完成程度	使用有效期	备注
1					
2					
3					
4					
制单员:		仓管员:		仓库安全主管:	

【步骤3】检查并改善仓库防火能力。

(1)此内容应包括日常检查(表3-8),如电气设备、机械、火源和存储规范等,确认是否存在火灾隐患。

表3-8 仓库防火能力检查记录表

序号	防火检查项目	具体检查内容	相关文件
1			
2			
3			

（2）隐患处理。

仓库内禁止吸烟、存放易燃物、燃放鞭炮、携带火种（图3-23）。仓管员发现仓库某处有火灾隐患时，应及时处理，并呈报上级。

图3-23 仓库内禁止事项

【步骤4】检查仓库的消防设备情况。

认真检查本仓库的消防设施设备情况，如灭火器、消防水桶、消火栓箱、防火墙、防火隔离带、防火门、消防应急灯、消防应急包等，保证设备完好、数量足够。检查完毕后填写仓库消防设施设备情况一览表（表3-9），并及时更换损坏或已过期的消防设施设备。

表3-9 仓库消防设施设备情况一览表

序号	防盗设施设备	数量	完成程度	使用有效期	备注
1					
2					
3					
4					

制单员： 仓管员： 仓库安全主管：

【步骤5】检查并改善仓库防水能力。

仓管员要积极进行仓库防水工作，防止货物受潮或被水浸泡。检查范围包括地面、墙壁、顶棚等。

【步骤6】检查并改善仓库防电能力。

（1）日常检查。

仓管员要每日进行电器检查和电路检查工作，确保线路正常。具体检查内容包括线路、灯具、电路的设置、开关、防静电作业等。

(2)防电管理预防。

1)对燃点较低的货物,不准使用碘钨灯和60 W以上的灯具高温照明,不准使用可燃材料做灯罩。

2)库房内不能设置移动式照明灯具。

3)照明灯具垂直下方与储存物品水平间距离不得小于0.5 m。

4)库房内铺设的配电线路,需用金属管或用非燃硬塑料管做保护。

5)库房内不准使用电炉、电烙铁和电熨斗等电热器具,以及电视机、电冰箱等家用电器。

6)配有防雷设施设备,设置防雷装置,并定期检测,保证有效。

7)仓库的电器设备,必须由持上岗证的电工进行安装、检查、维修和保养。

【步骤7】检查并改善仓库安全作业水平。

认真检查本仓库的安全作业情况,并对仓库中货物的日常入库、储存、包装、装卸、移位和出库等操作的安全方面进行指引和规定,以保证仓库日常工作的有序和安全进行。

(1)健全各种安全管理制度。

(2)加强劳动安全保护。

(3)加强对职工的安全培训。

(4)执行机械作业安全规定。

(5)执行危险品作业安全规定。

(6)加强电器设备作业安全。

练一练

在专业人员的指导下,进行使用灭火器灭火的训练。

实训考核

一、技能训练评价表

被考核组别或个人						
考评地点						
考评内容						
考评标准		分值	自我评价	他组评价	教师评价	实际得分
	充分准备实训情况	10				
	正确、完整查阅实训所需资料	20				
	积极参与讨论，良好完成实训各项分任务	60				
	团队合作精神	10				
备注						

二、能级标准

1级标准：在教师指导下，能部分完成此项实训项目。

2级标准：在教师指导下，能全部完成此项实训项目。

3级标准：能独立完成此项实训项目。

4级标准：能独立地又好又快地完成此项实训项目。

5级标准：能独立地又好又快地完成此项项目，并能指导其他人。

任务五　流通加工作业

实训目标

（1）能够填制加工作业申请单；
（2）能够掌握流通加工作业流程。

知识要点

一、流通加工概述

流通加工是为了提高物流速度和货物的利用率，在货物进入流通领域后，按客户的要求或配送中心存储的相关要求进行的加工活动。具体加工作业有包装、分割、计量、分拣、刷标志、贴标签、组装等。

二、流通加工的作用

流通加工是一种辅助性的生产作业，只是部分地改变了加工对象的物理形态和化学性质，它的深度和范围是有限的，但在货物流通过程中起了很重要的作用：

1．完善和强化了流通在社会再生产中的功能

流通一方面可以服务于生产和促进生产发展，另一方面又能够影响和服务消费。在实际生活中，流通能否充分有效地发挥功能作用，与其运行状态和运行质量有直接的关系，与实践中所推行的流通体制是否科学、流通能力（如流通机构、人才、设施、设备等流通要素的数量和质量）是否强大有直接的关系。除此之外，流通主体（即流通当事人）向社会所提供的服务是否优良、流通对象的规格

和质量是否符合消费者的要求,这些主、客观条件也会直接影响(或制约)流通的正常运行及作用的充分发挥。

2. 构成了物流业利润的重要组成部分

流通不但通过买卖商品实现了商品的价值和使用价值,而且借助于运输、装卸、保管等活动,实现了商品实物形态的转移,保存了其使用价值。

流通加工是生产活动在流通领域中的延续,它虽然不生产新的产品,但改变了原有产品的物理形状和化学性质。它和流通运动中其他物流活动一样,不但提高了所加工产品的效用,而且也提高了其价值。

流通加工作为一种低投入、高产出的加工作业,通过简单的加工能够充分实现流通对象的价值和使用价值。有的流通加工通过改变商品(如服装、玩具、纺织品等)包装,就可提高商品的档次,充分实现其价值。有的流通加工使产品利用率明显提高,也相对提高了其价值和使用价值,给流通企业带来可观的利润。从一些流通企业的实践看,流通加工的成效并不亚于运输和仓储等活动。这表明,流通加工也是物流业的重要利润源泉。

3. 提高了生产原材料的利用率

加工原材料是流通加工的一项主要内容,它利用流通加工环节进行集中下料,将厂家发运来的简单规格的原始产品进行定尺和合理剪切、锯裁等,按各个用户的要求进行集中下料(如集中剪切钢板,集中套裁玻璃,木材加工成各种规格的板、方等)。通过统筹安排、集中下料,可以做到优材优用、小材大用,做到物尽其用,大大提高了原材料的利用率。

4. 有利于物流活动合理化

从物流的角度看,流通加工环节将货物的流通分成两个阶段。一般说来,由于流通加工环节多设置在消费地,因此从生产厂到流通加工这一阶段输送距离长,而从流通加工到消费环节这一阶段距离短。第一阶段是在数量有限的生产厂与流通加工点之间,进行定点、直达、大批量远距离输送,因此,可以采用船舶、火车等批量输送的手段;第二阶段则是利用汽车和其他小型车辆,来输送经过流通加工后的多规格、小批量、多用户的货物。这样可以充分发挥各种输送手段的最高效率,加快输送速度,节省运力运费。

5. 提高物流效率

有些产品由于自身的形态难以进行物流操作,如鲜鱼的装卸与储存、超大设备的搬运与装卸、气体物运输与装卸等,通过流通加工可以改变其"物"的物理状态,从而使物流各环节易于操作。同时,通过改装、冷冻、保鲜及涂油等措施,可以使货物在运输、储存、搬运和包装等过程中少受或免受损失。

6. 提高产品销售的经济效益

在流通过程中,通过对一些货物进行简单加工,如将大包装或散装物分装成适合一次销售小包装的分装加工,将以保护货物为主的运输包装改换成以促销为主的装饰性包装,将零配件组装成用具、车辆以便于直接销售,将蔬菜、肉类洗净切块以满足消费者的需求等,可以明显提高产品销售的经济效益。

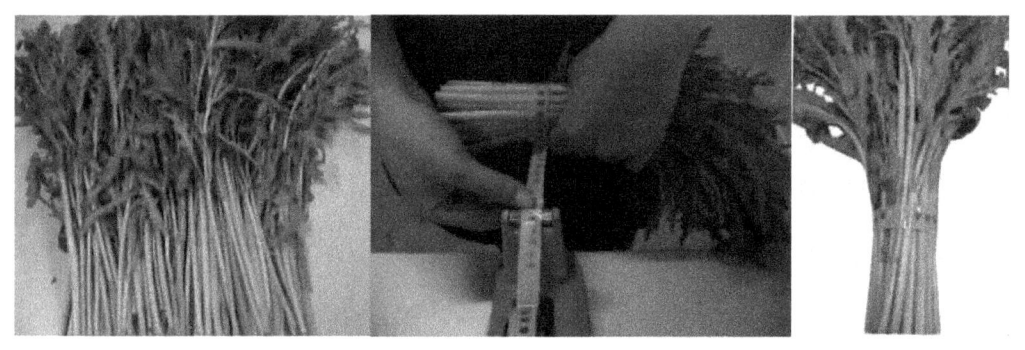

总之,流通加工是一项具有广阔前景的物流活动。流通加工的重要性不仅在于为物流合理化提供了条件,更为提高社会经济效益开辟了一条途径。

三、流通加工的类型

从本质上看,各类产品及各种形式的流通加工是没有多大区别的。但是,从加工技术、加工方法和加工目的来观察,不同货物和不同形式的流通加工存在着一定的差别。流通加工可分为以下几种类型:

1. 为弥补生产领域加工不足的深加工

现代生产发展的一个趋势,就是生产规模大型化、专业化,依靠单品种、大批量的生产方法,降低生产成本,获取经济的高效益。这样就出现了生产相对集中的趋势,生产规模越大,专业化程度越高,生产相对集中的程度也越高。生产的集中化进一步引起产需之间的分离。有很多产品,因受种种因素的制约,在生产领域内生产加工只能完成到一定程度,其产品只能以粗加工产品(或者称半成品)的形态进入流通领域或消费领域。这样的产品往往不能充分满足复杂多变的消费需求。流通加工纯粹是为了解决产需之间产品适应性差的矛盾,弥补生产领域内加工不足的深加工,从某种意义上说,它是生产加工的延续和深化。

2. 为满足用户需求多样化的流通加工

这是目前流通加工的一种主要类型。生产部门为了实现高效率、大批量生产，产品往往不能完全满足用户所提的要求。为了满足用户对产品多样化的需求，同时又保证社会高效率的大生产，将生产出来的单调产品进行多样化的改制加工，是流通加工中占有重要地位的一种加工形式。

随着生产规模的扩大，越来越多的商品生产向着大批量生产方向发展，许多产品都是大包装，有些产品的规格也比较少，而用户的需求往往是小批量、小包装、多规格。这就需要流通企业根据用户需求进行再加工，如干板玻璃、石棉橡胶板、水泥、染料及某些化工产品等，需要锯裁、分装、配装和更换包装；又如，将原木加工成半成品、成品，将燃煤加工成混合动力煤等。

3. 为提高货物运输效率的流通加工

对于一些货物，由于其自身的特殊形状，在运输、装卸作业环节效率较低，或在流通过程中极易发生损失的情况，则需要进行适当的流通加工，以弥补这些产品的物流缺陷。例如，自行车在消费地区的装配加工，可防止整车运输的低效率；造纸用木材磨成木屑的流通加工，可极大提高运输工具的装载效率；统一农副产品（如水果、蔬菜、谷物、棉毛原料等）包装，方便装卸和运输；集中煅烧熟料，分散磨制水泥的流通加工，可有效地防止水泥的运输损失，减少包装费用，也可提高运输效率；石油气的液化加工，使很难输送的气态物转变为容易输送的液态物，同时也可提高物流效率，方便用户使用。

4. 为节约资源的流通加工

对木材、钢材、平板玻璃等原材料进行套裁、合理配料和集中下料、综合利用剩余料等，可提高物资利用率，节约物资资源。对废旧物资进行回收、翻新、修复、再生产使用，能充分利用废旧物资的残存使用价值，也可以使用户减少生产建设上的支出。

利用在流通领域集中加工代替分散在各使用部门的分别加工,可以大大提高物资的利用率,具有明显的经济效益。集中加工形式可以减少原材料的消耗,提高加工质量。同时,对于加工后的副产品还可使其得到充分的利用。例如钢材的集中下料,可充分进行合理下料,搭配套裁,减少边角余料,从而达到加工效率高、加工费用低的目的。

5. 为衔接不同输送方式,使物流更加合理的流通加工

这是为了解决大批量、高效率的运输与分散、小批量需要之间的矛盾而进行的流通加工。由于现代社会生产的相对集中和消费的相对分散,流通过程中衔接生产的大批量、高效率的输送和衔接消费的多品种、小批量和多户头的输送之间,存在着很大的矛盾。某些流通加工形式可以较为有效地解决这个矛盾。以流通加工点为分界点,从生产部门至流通加工点可以形成大批量的、高效率的定点输送,从流通加工点至用户则可形成多品种、多批量和多顾客的灵活输送。例如散装水泥的中转配送中心,担负着散装水泥装袋的流通加工及将大规模散装转化为小规模散装的任务,就属于这种流通加工形式。

6. 为保存产品的流通加工

这种流通加工形式的目的,是使产品的使用价值得到妥善的保护,延长产品在生产与使用之间的时间距离。根据加工对象的不同,这种加工形式可表现为消费资料的流通加工和生产资料的流通加工。消费资料的流通加工是以消费者的消费对象在质量上保持满意为目的的,如:鲜鱼、鲜肉产品、速冻食品(如水饺、馄饨、包子、元宵等)及医疗用生物制剂等商品,在常温下极易变质,要求保鲜、保质的冷冻加工、防腐加工及保鲜加工;丝、麻、棉织品的防虫、防霉加工等。

四、流通加工的合理化

流通加工的合理化是指实现流通加工的最优配置,也就是对是否设置流通加工环节、在什么地方设置、选择什么类型的加工、采用什么样的技术装备等问

题做出正确抉择。这样做不仅要避免各种不合理的流通加工形式,而且要做到最优。

1. 流通加工合理化要考虑的因素

进行流通加工需要一定的劳动力、场地、设施、设备和专用工具及相互之间的配合。在设置流通加工时,需要进行可行性分析,并掌握相关的流通加工的基本技术和方法。对于流通加工子系统,可根据加工物品、销售对象和运输操作的要求,考虑以下几方面的问题:选择加工场所与分析加工过程的安全性、经济性;加工机械的配置与空间组织;流通加工的技术、方法;流通加工作业规程;加工质量保障体系;加工对象,如产品的销售渠道与销售市场情况;满足客户需求的指标及考核;降低流通加工费用;流通加工组织与管理等。

2. 流通加工合理化的原则

(1) 加工和配送相结合。将流通加工设置在配送点中,一方面,按配送的需要进行加工;另一方面,加工又是配送业务流程中分货、拣货、配货之一环,加工后的产品直接投入配货作业,这就无须单独设置一个加工的中间环节,使流通加工有别于独立的生产,使流通加工与中转流通巧妙地结合在一起。同时,由于配送之前有加工,可使配送服务水平大大提高。这是当前流通加工合理化的重要形式,在煤炭、水泥等产品的流通中已表现出较大的优势。

(2) 加工和配套相结合。在配套要求较高的流通中,配套的主体来自各生产单位。但是,完全配套有时无法全部依靠现有的生产单位,进行适当的流通加工,可以有效促成配套,大大提高流通作为桥梁与纽带的能力。

(3) 加工和合理运输相结合。流通加工能有效衔接干线运输与支线运输,促进两种运输形式的合理化。利用流通加工,在支线运输转干线运输或干线运输转支线运输的停顿环节,按干线或支线运输合理要求进行适当加工,从而大大提高了运输及运输转载水平。

(4) 加工和合理商流相结合。通过加工有效促进销售,使商流合理化也是流通加工合理化的重要方向之一。加工和配送的结合提高了配送水平,强化了销售,是加工与合理商流相结合的一个成功例证。此外,通过简单改变包装加工,形成方便的购买量,通过组装加工排除客户使用前进行组装、调试的困难,都是有效地促进商流的例子。

(5) 加工和节约相结合。节约能源、节约设备、节约人力、节约耗费是实现

流通加工合理化的重要因素,也是目前我国设置流通加工、考虑其合理化的普遍形式。

对于流通加工合理化的最终判断,不仅看其是否能实现社会效益和企业的经济效益,而且要看其是否取得了最优效益。对流通加工企业而言,与一般生产企业的一个重要不同之处是,流通加工企业更应树立社会效益第一的观念,如果只是追求企业的微观效益,不适当地进行加工,甚至与生产企业争利,那就有违流通加工的初衷了。

五、流通加工的管理

流通加工的组织与管理类似于生产的组织和管理。

1. 流通加工的生产管理

流通加工的生产管理内容及项目很多,如劳动力、设备、财务、物资等方面的管理,对于套裁型流通加工,其最具特殊性的生产管理是出材率的管理。这种流通加工形式的优势就在于物资的利用率高、出材率高,从而获取效益。为此,要加强消耗定额的审定及管理,并采用科学方法。

2. 流通加工的质量管理

流通加工的质量管理是对加工产品的质量控制。进行这种质量控制的主要依据是用户要求,各用户要求不一,质量宽严程度也不一,流通加工据点必须能进行灵活的柔性生产,以满足质量要求。此外,全质量管理的方法也可用于此。

📋 任务书

本任务需要在物流实训室中完成。通过对流通加工作业的实际操作,更进一步提升对配送中心业务流程的理解与实践。

【背景资料】

深圳A物流公司配送中心接到客户D零售便利店流通加工申请单,要求配送中心帮助其把现有的三种货物(见图3-24)捆绑在一起,重新包装,制作新的货物条形码贴到新的包装上,并把这些货物打包在一起,以等待发货指令。作为配送中心的流通加工员,应该如何处理这项业务?

D零售便利店流通加工申请单

订单编号:20110801001
至:深圳A物流公司配送中心
2011年8月1日

编号	货物条形码	货物名称	规格	单位	数量	备注
1	6923219964	柔白牙刷	15 cm	支	100	
2	6934560012	牙膏	100 g	盒	100	
3	6907893356	牙杯	500 ml	个	100	
组合套装:				条形码:690112255338		
制单人:						

图3-24 流通加工申请单

 任务分析

在实际操作中,流通加工作业往往是配送中心提供增值服务的一项重要内容,既可以提高客户满意度,又可以增加配送中心收益。本任务的操作大致如下:

1)编制流通加工作业计划。

2)准备流通加工设备与材料。

3)捆绑相关货物。

4)打印组合套装的条形码并粘贴。

5)打包包装箱,确保包装箱的牢固性。

6)填写相关信息,完成流通加工作业。

(1)参考学时:12学时。

(2)准备:相关知识准备。

(3)要求:撰写实训报告,记录学习的收获及心得体会。

任务实施

【步骤1】编制流通加工作业计划。

接到客户的流通加工要求后,将流通加工申请单转成相应的加工单(见图3-25)。

流通加工单

订单编号:20110801001
客户:D零售便利店
2011年8月1日

编号	货物条形码	货物名称	规格	单位	数量	备注
1	6923219964	柔白牙刷	15 cm	支	100	
2	6934560012	牙膏	100 g	盒	100	
3	6907893356	牙杯	500 ml	个	100	

组合套装: 条形码:690112255338

制单人:

加工者: 审核员: 完成情况:

图3-25 流通加工申请单

【步骤2】准备流通加工设备与材料。

完成流通加工作业计划后,要准备流通加工过程中可能用到的设备、工具或材料等,如图3-26所示。

项目三 物品在库作业

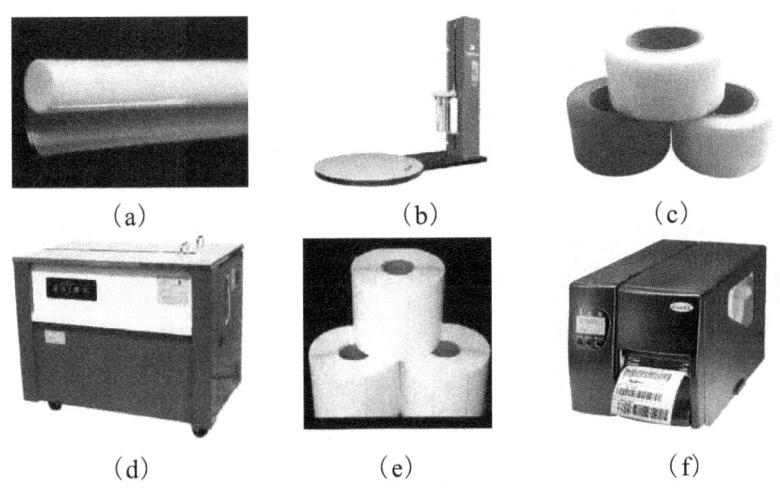

图3-26 流通加工准备的设备与材料
(a)塑料薄膜;(b)薄膜打包机;(c)塑料打包带;(d)塑料带打包机;
(e)条形码打印纸;(f)条形码打印机

【步骤3】捆绑相关货物。

使用塑料薄膜及其打包机把牙膏、牙刷、牙杯捆绑在一起,如图3-27所示。

【步骤4】打印并粘贴条形码。

打印组合套装的条形码,条形码号为690112255338(见图3-28),然后把这个条形码条粘贴到新组合产品上。

图3-27 组合套装

图3-28 组合套装的条形码

85

【**步骤**5】打包包装箱。

把已经做好的组合套装放入相应的纸箱里,然后用塑料带打包机打包外包装箱,如图 3-29 所示。

图 3-29 组合套装的打包

【**步骤**6】填写相关信息,完成流通加工作业。

将流通加工的加工单填写完整(见表 3-30),然后交回给配送中心的信息管理员,完成流通加工作业。

流通加工单

订单编号:20110801001
客户:D零售便利店
2011年8月1日

编号	货物条形码	货物名称	规格	单位	数量	备注
1	6923219964	柔白牙刷	15 cm	支	100	
2	6934560012	牙膏	100 g	盒	100	
3	6907893356	牙杯	500 ml	个	100	

组合套装: 　　　　　　　　条形码:690112255338

加工者:张某　　审核员:陈经理　　完成情况:完成

图 3-30 流通加工单(已填)

 练一练

(1)配送中心流通加工的类型有哪些?进行流通加工时的工作重点有哪些?

(2)生鲜货物、钢材货物、丝棉织品在贯彻流通加工合理化原则时,其作业流程有哪些不同?

(3)对于任务实施中这一单一的流通加工作业流程,应该从哪几个方面进行有效管理?

(4)如果是对生鲜果蔬(如:葡萄)进行流通加工,想象一下它的流程会是怎样的?与普通的货物流通加工会有哪些方面的不同?

 实训考核

小组序号:			学生姓名:		学号:
小组成绩			个人最终成绩		
考核内容	满分	得分	考核内容	满分	得分
流通加工管理	30		小组分解得分	70	
编制流通加工计划	40		个人角色执行	20	
打包机的使用	30		团队合作	10	
合计	100		合计	100	
考核人:			考核时间:		

任务六　补货作业

实训目标

（1）了解配送中心补货时机和补货作业类型；

（2）了解配送中心自动补货系统及补货作业流程；

（3）能够进行货物的盘点工作；

（4）能够正确地对货物进行上架与下架。

知识要点

一、补货作业方式

补货作业通常有以下几种方式：

1. 整箱补货

整箱补货是由货架存储区整箱补货至拣货区。采用这种方式补货，存储区的货物一般用货架储放，拣货区的货物一般用两边敞开的货架（又称流动棚架）。当拣取后拣货区的存货低于设定存货的水平，则进行补货作业。补货时，补货员到存储区取整箱货，运至拣货区，在流动棚架之后方（非拣取面）补货。这种补货方式适合体积小且少量出货的货物补货。

2. 整栈补货

整栈补货可分为以下两种方式：

（1）由地板堆叠存储区至地板堆叠拣货区。采用这种补货方式，存储区以栈板为单位在地板上直接堆叠存放货物，拣货区也以栈板为单位在地板上直接堆叠存放货物。两个区域的不同之处在于：存储区的面积较大，储放货物较多，而拣货区的面积较小，储放货物较少。拣货时，拣货员于拣货区直接拣取栈板上的货箱出货，当货量大时使用叉车将栈板整个送至出货区。当拣取后拣货区的存货低于设定存货的水平，则进行补货作业。这种补货方式较适合体积大或出货量大的货物补货。

（2）由地板堆叠存储区至栈板货架拣货区。采用这种补贷方式，存储区以栈板为单位在地板上直接堆叠储存货物，拣货区则以栈板货架存放货物。当拣取后拣货区的存货低于设定存货的水平，则进行补货作业。补货时，补货员用叉

车将在地板上堆叠放置的存储区货物装在栈板上,送至拣货区栈板货架上储放。这种补货方式较适合体积中等或货量适中的货物补货,如以箱为单位的货物。

3. 托盘补货

这种补货方式是以托盘为单位进行的补货。当拣取后拣货区的存货低于设定存货的水平,则进行补货作业。补货时,用叉车把托盘由存储区运到拣货区进行补货。

这种补货方式适合于体积大或出货量大的货物补货。

4. 货架上下层补货

采用这种补货方式,存储区与拣货区属于同一货架,起初设置时将货架上方便拣取的位置作为拣货区(一般为货架的中下层),将货架上不容易拣取的位置作为存储区(一般为货架的上层)。进货时货物先放在拣货区,放不下的货物放在存储区。当拣取后拣货区的存货低于设定存货的水平,则进行补货作业。这种补货方式较适合体积不大或出货量小的货物。

二、补货时机

补货作业的发生与否主要看拣货区的货物存量是否符合需求。因此,补货要看拣货区的存量,既要避免在拣货过程中发现货量不足影响整个拣货作业,又要防止过早补货而导致拣货区拥挤不堪。补货时机的确定通常可采用批次补货、定时补货和随机补货三种方式。

1. 批次补货

每天或每一批次拣取之前查看计算机显示所需货物的总拣取量,再查看陈货区的货物量,计算差额并在拣货作业开始前补足货物。这种"一次补足"的补货原则比较适合一天内作业变化不大、紧急追加订货不多,或是每一批次拣取量大,需要事先掌握的情况。

2.定时补货

将每天划分为若干个时段,补货人员在每个时段内检查拣货区货架上货物存量,如发现不足,马上予以补足。这种"定时补足"的补货原则较适合分批拣货时间固定、处理紧急追加订货的时间也固定的情况。

3.随机补货

这是一种指定专人从事补货作业的方式,这些人员随时巡视拣货区的货物存量,发现不足立即补货。此种"不定时补足"的补货原则较适合每批次拣取量不大、紧急追加订货较多,以致一天内作业量不易事前掌握的情况。

三、补货作业类型

1.自动补货作业

自动补货作业是指货物由自动化仓库送至旋转货架的补货。这种方式能进行高效率的补货作业,不用来回搜寻。

2.直接补货作业

直接补货作业是指货物入库后直接补充到拣货区,无须经由存储区再转送的补货方式。

3.复仓式补货作业

复仓式补货作业是指在拣货区两个相邻托盘存放相同的货物,而在存储区则分两处进行两个阶段的补货。第一存储区为高层货架仓库,第二存储区为拣货区旁的临时存储处所。进行第一阶段补货时,先由第一存储区的高层货架提取货物放入拣货区旁的第二存储区。当拣货区内某货物被拣取完后,将空托盘移出,后面托盘往前推出,再由第二存储区补货托盘移进拣货区。

项目三 物品在库作业

任务书

本任务需要在物流实训室中完成。通过对补货作业的实际操作,更进一步提升对配送中心业务流程的理解与实践。

【背景资料】

任务书:深圳 A 物流公司配送中心的拣货员在拣货过程中发现有些货物在拣选货架上找不到,拣货员建议配送中心信息管理员制作补货单以便补货。信息管理员把打印好的补货单(图 3-31)交给补货员。作为配送中心的补货员,应该如何处理这项作业?

深圳 A 物流公司配送中心补货单

补货单号:OC20110803001

2011 年 8 月 3 日

编号	货物条形码	货物名称	规格	单位	存储位置	拣选位置	申请数量	实际数量	备注
1	6923219252	汤碗面	80 g	碗	H223	A323	720		
2	6934560443	香菇肉酱	180 g	罐	I111	B121	480		
3	6917878055	巧克力	35 g	袋	K111	D311	500		
4	6920180733	葡萄汁	400 ml	瓶	H213	A113	360		
5	6900453120	雪花杨梅	100 g	包	K128	D328	500		

制单人:陈某   拣货员:

图 3-31 深圳 A 物流公司配送中心补货单

任务分析

在实际操作中,补货作业是非常烦琐的操作,随着拣货作业的进行,拣货区的货物逐渐减少,因此就有必要及时地将货物从储存区运至拣货区,以免因拣货区货物不足影响拣货作业的顺利进行。本任务的重点在于完成货物从储存区到拣货区的作业,大致操作内容如下:

1)根据补货单的货物种类与数量准备相应的搬运设备。

2)使用手持设备扫描货物条形码及货架条形码或填写货卡。

3)使用搬运设备将货物从存储区搬运至拣货区。

4)再次使用手持设备扫描货物条形码及货架条形码或填写货卡。

5)填写补货单,完成补货作业。

(1)参考学时:12学时。

(2)准备:相关知识准备。

(3)要求:撰写实训报告,记录学习的收获及心得体会。

任务实施

【步骤1】准备补货设备与材料。

配送中心补货员拿到配送中心信息管理员的补货单后,浏览一下需要货物的清单,确定补货大致需要的设备、材料及其数量。

【步骤2】手持扫描设备扫描货物条形码及货架条形码。

配送中心补货员手持无线扫描设备扫描货物条形码及货架条形码(见图3-32),完成货物下架的作业。

图3-32 扫描货物条形码及货架条形码

【步骤3】将货物从存储区搬运至拣货区。

使用装卸搬运叉车将货物从存储区搬运至拣货区,并将货物送入拣货区的货架上。

【步骤4】再次扫描货物条形码及货架条形码。

补货员手持无线扫描设备扫描新的货架条形码及货物条形码,完成货物上架作业。

【步骤5】填写补货单。

填写补货单(见图3-33),完成补货作业。

编号	货物条形码	货物名称	规格	单位	存储位置	拣选位置	申请数量	实际数量	备注
1	6923219252	汤碗面	80 g	碗	H223	A323	720	720	
2	6934560443	香菇肉酱	180 g	罐	I111	B121	480	480	
3	6917878055	巧克力	35 g	袋	K111	D311	500	500	
4	6920180733	葡萄汁	400 ml	瓶	H213	A113	360	360	
5	6900453120	雪花杨梅	100 g	包	K128	D328	500	500	

制单人:陈某　　　　　　　　　　　　　　　拣货员:李某

图 3-33　填写补货单

练一练

(1)什么是补货作业?补货作业在配送管理与库存管理中起什么作用?

(2)补货的类型有哪些?

(3)你觉得是等货物没有库存了再补货好,还是等还有少量货物时就补货好呢?如果是后者,那你觉得应该如何把握这个尺度?

实训考核

小组序号:			学生姓名:		学号:
小组成绩			个人最终成绩		
考核内容	满分	得分	考核内容	满分	得分
进行货物盘点	30		小组分解得分	70	
确定补货数量、时机	40		个人角色执行	20	
货物上架与下架	30		团队合作	10	
合计	100		合计	100	
考核人:			考核时间:		

任务七 拣货作业

实训目标

(1) 了解配送中心拣货作业策略及流程；
(2) 掌握配送中心拣货作业的方法；
(3) 掌握配送中心拣货作业的系统规划；
(4) 会正确填制货物拣选单；
(5) 能够合理选择拣选方式。

知识要点

一、拣货作业的流程

拣货作业在配送作业环节中不仅工作量大，工艺过程复杂，而且作业要求时间短，准确度高，因此，加强拣货作业的管理非常重要。在拣货作业中，应根据顾客订单所反映的货物特性、数量多少、服务要求、送货区域等信息，对拣货作业系统进行科学的规划和设计，并制定合理高效的作业流程。配送中心拣货作业的基本流程如下：

(1) 制定出货作业流程；
(2) 确定拣货作业方式；
(3) 制作拣货作业单据；
(4) 安排拣货作业路径；
(5) 分派拣货作业人员；
(6) 拣取货物；

（7）集中货物；

（8）分货。

二、拣货作业的策略

拣货作业的策略是影响拣货作业效率的重要因素，对不同的客户订单需求，应采取不同的拣货策略。决定拣货策略的四个主要因素有分区、订单分割、订单分批及分类。

（一）分区策略

分区就是将拣货作业场地的区域进行划分。按分区原则的不同，可分为四种分区方法：

（1）按货物特性分区。按货物特性分区就是根据货物原有的特性，将需要特别储存搬运或分离储存的货物进行分区，以保证货物的品质在储存期间保持完好。

（2）按拣货单位分区。按拣货单位分区就是将拣货作业区按拣货单位进行划分，如箱装拣货区、单品拣货区，或是具有特殊货物特性的冷冻品拣货区等，其目的是使储存单位与拣货单位分类统一，以方便拣货与搬运单元化，使拣货作业单纯化。一般来说，按拣货单位分区所形成的区域范围是最大的。

（3）按拣货方式分区。按拣货方式不同可分为若干区域，通常以货物销售的 ABC 分类为原则，按出货量的大小和拣货次数的多少做 ABC 分类，然后选用合适的拣货设备和拣货方式，其目的是使拣货作业单纯一致，减少不必要的重复行走时间。在同一单品拣货区中，按拣货方式的不同，又可分为台车拣货区和输送机拣货区。

（4）按工作分区。在相同的拣货方式下，将拣货作业场地再做划分，由一个或一组固定的拣货人员负责拣选某区域内的货物。该策略的主要优点是拣货人员需要记忆的存货位置和移动距离减少，拣货时间缩短，还可以配合订单分割策略，运用多组拣货人员在短时间内共同完成订单的拣货，但要注意平衡问题。

以上四种分区策略既可同时存在于一个配送中心内，又可以单独存在。

（二）订单处理策略

（1）订单分割策略。当订单上订购的货物项目较多或拣货系统要求及时快速处理时，为使其能在短时间内完成分拣处理，可将订单分成若干子订单交由不同拣货区域同时进行拣货作业。将订单按拣货区域进行分解的过程叫作订单分

割。订单分割一般与拣货分区相对应。采用拣货分区的配送中心,其订单处理过程的第一步就是要按区域进行订单分割,各个拣货区根据分割后的子订单进行拣货作业,各拣货区子订单拣货完成后再进行订单的汇总。

(2)订单分批策略。订单分批是为了提高拣货作业效率而把多张订单集合成一批,进行批次拣货作业。其目的是缩短拣货时平均行走搬运的距离和时间。若将每批次订单中的同一货物品项加总后分拣,然后把货物分类给每一个顾客订单,再形成批量拣货,这样不仅缩短了拣货平均行走搬运的距离,也减少了重复寻找货位的时间,提高了拣货效率。但如果每批次订单数目过多,则必须耗费较多的时间分类,甚至需要有强大的自动化分类系统的支持,因此是否进行订单分批要遵循一定的原则。

(三)分类策略

采用批量拣货作业,拣货完毕后还必须进行分类,因此需要有相互配合的分类策略。分类策略可分成两种:

(1)拣货时分类。在拣货的同时将货物按各订单分类,这种分类方式常与固定订单量分批或智能型分批方式联用,因此需要使用计算机辅助台车作为拣货设备,以加快拣货速度,同时避免发生错误。该方式较适用于少量多品种的拣货,且由于拣货台车不可能太大,所以每批次的客户订单量不宜过大。

(2)拣货后集中分类。分批按批量合计拣货后再集中分类,一般有两种分类方法:一种方法是以人工作业为主,将货物总量搬运到空地上进行分发(也称播种式拣选),而每批次的订单量及货物数量不宜过大,以免超出人员负荷;另一种方法是利用分类输送系统进行集中分类,这是自动化程度较高的作业方式。订单分割越细,分批批量品项越多,后一种方法的使用率越高。

三、拣货作业的方法

随着科学技术的发展,配送中心拣货作业的方法越来越多,以下从不同的角

度进行分类。

(一)按订单的组合程度分

按订单的组合程度,可以将拣货作业方法分为订单别拣取、批量拣取及复合拣取三种方式。订单别拣取是分别按每份订单来拣货;批量拣取是多张订单累积成一批,汇总数量后形成拣货单,然后根据拣货单的指示一次拣取货物,拣货后再进行分类;复合拣取是充分利用以上两种方式的特点,并综合运用于拣货作业中。

(1)订单别拣取。订单别拣取是针对每一份订单,作业员巡回于仓库内,按照订单所列货物及数量将客户所订购的货物逐一由配送中心储位或其他作业区中取出,然后集中在一起的拣货方法。订单别拣取的优点:作业方式单纯,接到订单可立即拣货、送货,所以作业前置时间短;作业人员责任明确,易安排人力;拣货后不用进行分类作业,适用于配送批量大的订单处理。其缺点是:当货物品种多时,该方法的拣货行走路径加长,拣取效率较低,拣货区域大时,搬运系统设计困难。因此,订单别拣取的适用条件是:订单大小差异大、订单数量变化频繁、季节性强的货物配送,货物外形、体积变化较大、货物差异较大的情况。

(2)批量拣取。批量拣取,也称播种式选取,是将多张订单集合成一批,按照货物品种、种类汇总后再进行拣货,拣货后依据不同客户或不同订单分类集中的拣货方式。批量拣取方式的优点有:适合批量大的订单作业;可以缩短拣取货物时的行走时间,增加单位时间的拣货量。其缺点是:必须当订单累积到一定数量时才做一次性的处理,会有停滞时间产生。因此,该方法适合于订单在系统化、自动化设置之后,拣货作业速度提高,产能调整力减小的情况下采用;适合于订单变化较小、订单数量稳定的配送中心和外形较规则、固定的货物出货。需进行流通加工的货物也适合批量拣取再进行批量加工,然后给不同客户分配货,以提高拣货及加工效率。

(3)复合拣取。为了克服订单别拣取和批量拣取方式的缺点,配送中心采取将订单别拣取和批量拣取组合起来的复合拣取方式。复合拣取即根据订单的品种、数量及出库频率,确定哪些订单适用于订单别拣取,哪些订单适用于批量拣取,对其分别采取不同的拣货方式。

(二)按人员组合程度分

按人员组合程度可分为单独拣货(一人一单式)和接力拣货(分区按单拣货)。单独拣货即一人持一张拣货单进入拣货区拣货,直至将拣货单中的全部货物拣完为止;接力拣货是陈货区分为若干个区,由若干名作业人员分别操作,每名作业人员只负责本区货物的拣取,携带一张订单的拣货小车依次在各区巡回,各区作业人员按订单的要求拣取本区段存放货物,一个区域拣货完移至下一区段,直至将订单中所列的货物全部拣取完。不同拣货作业与各种储存策略的配合也有好坏。

四、拣货信息的传递

拣货信息的作用在于指导拣货作业的进行,使拣货人员能正确而迅速地完成拣货工作。拣货作业的依据是顾客的订单或其他送货指令,因此,拣货信息最终来源于客户的订单。拣货信息既可以通过手工单据来传递,也可以通过电子设备和自动拣货控制系统传输。

(一)订单传递

订单传递即直接利用客户的订单或以配送中心发货单作为拣货指示凭据。这种方式适用于订单订购品种数较少、批量较小的情况,经常配合订单别拣取方式。订单在传递和拣货过程中易受到污损,可能导致作业过程发生错误,而且订单上未标明货物储放的位置,仅靠作业人员记忆拣货,影响了拣货效率。

(二)拣货单的传递

拣货单传递拣货信息,是将原始的客户订单信息输入计算机,进行拣货信息处理后生成并打印拣货单,作业人员据此拣货。在拣货单上可以标明储位,并按储位顺序排列货物编号,缩短了拣货路径,提高了作业效率。采用拣货单传递拣货信息,其优势在于:经过处理后形成的拣货单上所标明的信息能更直接、更具体地指导拣货作业,提高拣货作业效率和准确性,但处理打印拣货单需要一定的成本,而且必须尽可能防止拣货单据出现误差。

(三)显示器传递

显示器传递是在货架上安装信号灯或液晶显示器来显示通过数位控制系统传递过来的拣货信息。显示器安装在储位上,相应储位上的显示器显示该货物应拣取的数量,也就是采取数位拣取系统。这种系统可以安装在重力式货架、托盘货架、一般货物棚架上。

(四)无线通信传递

无线通信传递是在叉车上安装无线通信设备,通过通信设备把应从哪个储位拣取何种货物及拣取数量等信息指示给叉车上的司机以拣取货物。这种传递方式通常适用于大批量出货时的拣货作业。

(五)计算机随行指示

计算机随行指示是指在叉车或台车上设置辅助拣货的计算机终端,拣取前先将拣货信息输入计算机或U盘,拣货人员依据叉车或台车上计算机屏幕的指示到正确位置拣取货物。

(六)自动拣货系统传递

拣货过程全部由自动控制系统完成。通过电子设备输入订单后形成拣货信息,在拣货信息指导下由自动拣货系统完成拣货作业,这是目前物流配送技术发展的主要方向之一。

五、拣货作业系统规划

(一)拣货作业系统的规划程序

在配送中心整体规划中,拣货作业系统的设计与规划至关重要,因为拣货作业系统可满足在有限的时间内为顾客提供最佳配送服务的要求。由于拣货作业的指令来源于顾客的订单资料,所以,拣货作业系统的规划要从顾客订单资料的分析开始,包括拣货单位的确定、拣货方式与拣货策略的运用、拣货信息的传递、拣货设备的选用及布置等环节和步骤,如图3-34所示。

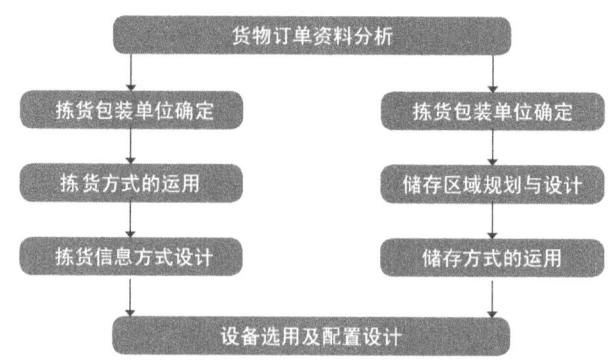

图 3-34 拣货系统规划程序

(二)拣货作业系统的布置

拣货作业是整个配送作业的核心,因此拣货作业系统的布置非常重要。目前常用的布置模式主要有以下几种:

(1)储存货架与拣货货架不分开的布置模式。储存货架与拣货货架不分开,即直接从储存保管区的货架上拣取商品,不通过专门的拣货货架。这种情况可以采取以下两种基本布置模式。

1)使用两面开放式货架。两面开放式货架,即货架的正面和背面呈开放式,两面均可存货与取货,而且货物可以从一面存入,从另一面取出,如图 3-35 所示。

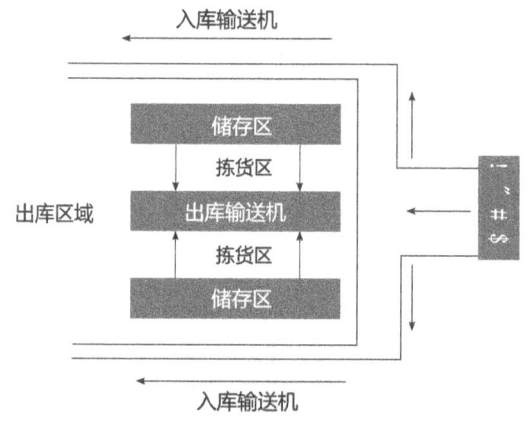

图 3-35 两面开放式货架

在进货—储存—拣货—出货作业中,货物呈单向流动:在进货验收区,将货物直接卸到入库输送机上,入库输送机自动将货物送到储存区;储存区的货物保管在双面敞开式货架上,仓库作业人员将需要进入储位的货物从上货一侧补充到储存侧,使拣货区的货品排列整齐丰满,方便拣货。这种模式适用于小规模的配送中心。

2)使用单面开放式货架。单面开放式货架,即货架只有一面可以存取货,货物出库入库必须在货架或货棚的同一面进行,由同一台输送机输送出入库货物。这种货架布局占用空间相对较少,其布局模式如图3-36所示。

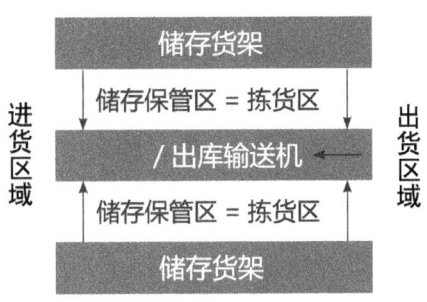

图3-36 单面开放式货架

这种方式由于出库与入库输送机和输送道共用,因而入库与出库作业的时间必须错开,以免造成混乱,所以,这种布置模式不适用于入库太频繁的配送中心。

(2)储存货架与拣货货架分设的布置模式。储存货架与拣货货架分设即货物入库后存在储存保管区。拣货前,先由储存货架通过"补货"作业将货物补充到方便拣取的货架上,再从拣货货架上拣取货物,这种方式比较适合进出货量差异大,或出、入库包装单位不同的货物,如以托盘或周转箱为单位储存。以周转箱或单件拣取出货的货物可以先通过补货环节拆装后补充到拣货区,再从拣货区拣取货物,其货物流向布置的基本方式如图3-37所示。

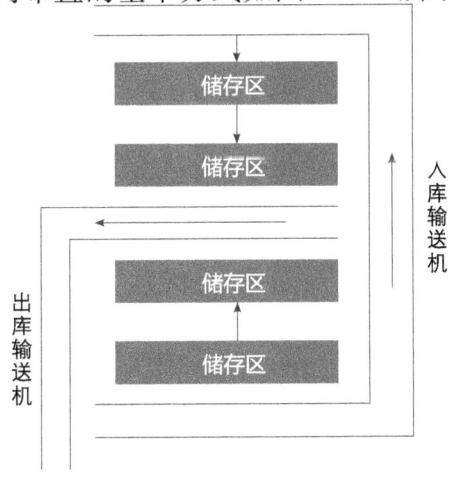

图3-37 拣货区货物流向布置图

任务书

本任务需要在物流实训室中完成。通过对拣货的实际操作,更进一步提升对配送中心业务流程的理解与实践。

【背景资料】

深圳 A 物流公司配送中心的信息管理员将客户 D 零售便利店的发货申请单转成配送中心的拣货单(见图 3-38),并交给配送中心的拣货员,要求其在规定时间内把货物拣取出来放到出库待发区。作为配送中心的拣货员,应该如何处理这项作业?

拣货单

深圳A物流公司配送中心拣货单
申请单号:OA20110801008
客户:D零售便利店
2011年8月2日

编号	货物条形码	货物名称	规格	单位	申请数量	拣选位置	拣货数量	物流箱号	备注
1	6923219252	汤碗面	80 g	碗	12	A323			
2	6934560443	香菇肉酱	180 g	罐	24	B121			
3	6907893114	电池	2B/1.5 V	节	10	C212			
4	6902108699	川贝糖	26.4 g	瓶	10	B191			
5	6900453120	雪花杨梅	100 g	包	60	D328			
6	6916920199	强力粘钩		个	12	E231			
7	6917878055	巧克力	35 g	袋	24	D311			
8	6919892009	也也酥	85 g	袋	24	C231			
9	6920180733	葡萄汁	400 ml	瓶	12	A113			
10	6920509029	江南小炒	200 g	包	50	E313			

制单人: 拣货员:

图 3-38 拣货单

项目三　物品在库作业

 任务分析

在实际操作中,拣货作业是配送中心内部的核心工作之一,其效率的高低决定了配送中心的服务质量和经济效益。本任务的重点在于按照客户订单的要求完成货物的拣取,大致操作内容如下:①根据拣货单的货物状况准备拣货需要的工具与设备;②确定拣货作业的方法;③确定拣货作业的线路;④拣选货物,并将货物放入相应的物流箱里;⑤填写拣货单;⑥将货物运至出库待发区,完成拣货作业。

(1)参考学时:10 学时。

(2)准备:相关知识与材料的准备。

(3)要求:撰写实训报告,记录学习的收获及心得体会。

 任务实施

【步骤1】准备拣货设备与工具。

配送中心拣货员拿到配送中心信息管理员的拣货单后,浏览一下需要拣选货物的清单,确定拣货大致需要的设备、工具及其数量,如图 3-39 所示。

(a)拣选车　　　　　　　(b)物流箱　　　　　　　(c)平托盘

图 3-39　拣货所需的设备

【步骤2】确定拣货作业的方法。

由于只针对一个客户,所以直接采取订单别选取方法进行拣货作业。另外,从拣货单可以看出需要拣取的货物只有 10 个品种,订单不用分割,由一人负责拣完。如图 3-40 所示,A、B、C 分别表示三种不同类型的货物。

103

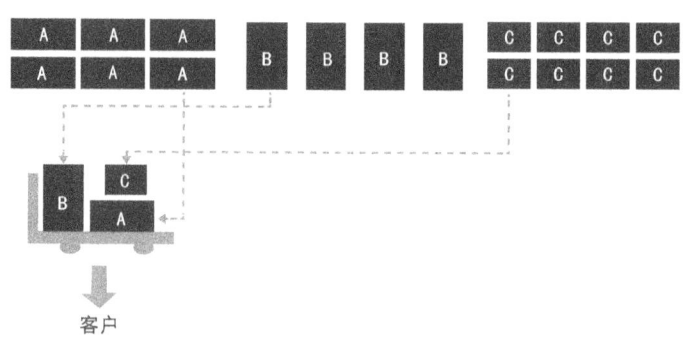

图3-40 订单别选取方法

【步骤3】确定拣货作业的线路。

由于货物分布在不同的货架上,所以要设计一条搬运线路,以尽量减少拣货行走距离。如图3-41所示,A、B、C、D、E分别表示相应的货架。

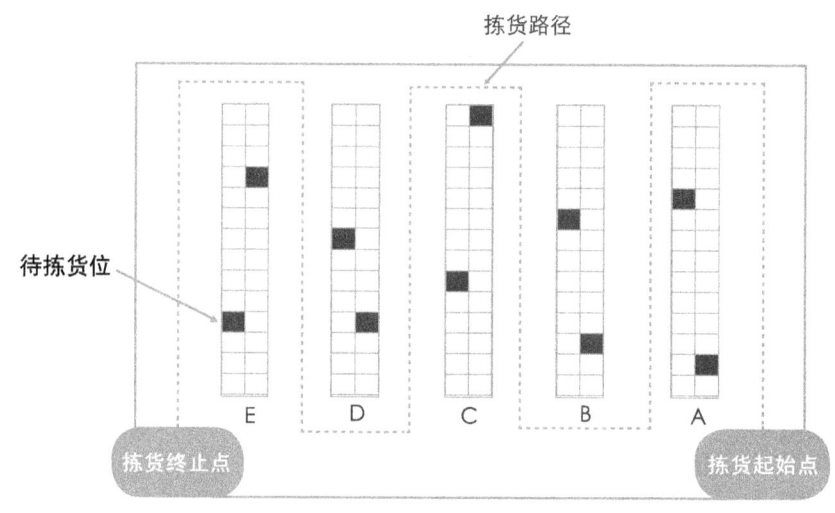

图3-41 拣货作业的线路

【步骤4】拣选货物。

拣选货物,并把货物放在相应的物流箱里,物流箱编号:LB01、LB02、LB03。

【步骤5】填写拣货单。

在拣货单上填写实际拣选货物的数量与所放入物流箱的编号等,见图3-42。

【步骤6】运货至出库待发区。

将货物运至出库待发区,并把拣货单交给配送中心的信息管理员,完成拣货作业。

深圳 A 物流公司配送中心拣货单

申请单号：OA20110801008
拣货单号：OP20110802001
客户：D 零售便利店
2011 年 8 月 2 日

编号	货物条形码	货物名称	规格	单位	申请数量	拣选位置	拣货数量	物流箱号	备注
1	6923219252	汤碗面	80 g	碗	12	A323	12	LB01	
2	6934560443	香菇肉酱	180 g	罐	24	B121	24	LB03	
3	6907893114	电池	2B/1.5 V	节	10	C212	10	LB02	
4	6902108699	川贝糖	26.4 g	瓶	10	B191	10	LB03	
5	6900453120	雪花杨梅	100 g	包	60	D328	58	LB01	2包过期
6	6916920199	强力粘钩		个	12	E231	12	LB02	
7	6917878055	巧克力	35 g	袋	24	D311	24	LB01	
8	6919892009	也也酥	85 g	袋	24	C231	24	LB01	
9	6920180733	葡萄汁	400 ml	瓶	12	A113	12	LB03	
10	6920509029	江南小炒	200 g	包	50	E313	48	LB01	缺货2包

制单人：陈某　　　　拣货员：张某

图 3-42　拣货单（已填）

练一练

（1）简述配送中心拣货作业的基本流程。

（2）配送中心拣货作业的策略有哪些？电子商务企业进行拣货作业时所采用的策略是什么？

（3）配送中心拣货作业的方法有哪几种？对于订单大小差异较大、订单变化频繁的配送业务，应选择哪种拣货方法？

（4）由订单到拣货单，其作业信息的传递过程有哪些？

（5）阐述配送中心拣货作业的系统规划。

（6）如果没有拣货单，而是客户直接电话订货，是否可以进行拣货作业？

 ## 实训考核

小组序号：			学生姓名：		学号：
小组成绩			个人最终成绩		
考核内容	满分	得分	考核内容	满分	得分
制定合理拣货策略	30		小组分解得分	70	
合理选择拣选方式	40		个人角色执行	20	
正确填写货物拣选单证	30		团队合作	10	
合计	100		合计	100	
考核人：			考核时间：		

项目四　物品出库作业

任务一　出库准备

实训目标

（1）能够做好出库前的准备工作；
（2）能够完成出库凭证的审核；
（3）能够进行出库信息处理并完成拣货单。

知识要点

一、物品出库的要求

物品出库要做到"三不、三核、五检查"。"三不"，即未接单据不翻账，未经审单不备货，未经复核不出库；"三核"，即在发货时，要核对凭证、核对账卡、核对实物；"五检查"，即对单据和实物要进行品名检查、规格检查、包装检查、数量检查、重量检查。具体地说，物品出库要严格执行各项规章制度，杜绝差错事故，以提高服务质量，让用户满意。

（一）按程序作业，手续必须完备

物品出库必须按规定程序进行，领料单、仓单等提货凭证必须符合要求。物品出库时，必须有正式凭证，保管人员应根据凭证所列品种和数量发货。

(二)"先出"原则

在保证库存物品的价值和使用价值不变的前提下,坚持"先进先出"的原则。同时要做到:有保管期限的先出;保管条件差的先出;容易变质的先出;近失效期的先出;包装简易的先出;回收复用的先出。其目的在于避免物品因库存时间过长而发生变质或影响其价值和使用价值。

(三)做好发放准备

为使物品及时流通,合理使用,必须快速、及时、准确地发放。为此必须做好发放的各项准备工作。如"化整为零"、集装单元化、备好包装、复印资料、组织搬运人力、准备好出库的各种设施设备及工具。

物品出库是仓储作业管理的最后一个环节,它使仓储作业与运输部门、物品使用单位直接发生联系。因此,做好出库作业对改善仓储经营管理、降低作业费用、提高服务质量有重要的作用。物品出库是仓储经营人根据存货人或仓单持有人所持有的仓单,按其所列物品的编号、名称、规格、型号、数量等项目,组织物品出库的一系列活动。对于物品出库,要求准确、及时、保质保量地交给仓单持有人;出库的物品必须包装完整、标记清楚、数量准确。要杜绝凭信誉或无正式手续的发货。不论在何种情况下,仓库都不得擅自动用或变相动用、外借货主的库存物品。

(四)发货和记账要及时

保管员接到发货凭证后,应及时发货,不压票;物品发出后,应立即在物品保管账上核销,并保存好发料凭证,同时调整垛牌或料卡。

(五)保证安全

物品出库作业要注意安全操作,防止损坏包装和震坏、压坏、摔坏物品。同时,还要保证运输安全,做到物品包装完整,捆扎牢固,标志清楚正确,性能不相互抵触和影响,保障物品质量安全。仓库作业人员必须经常注意物品的安全保

管期限等,已变质、过期失效或已失去原使用价值的物品不允许出库。

(六) 无差错

保管人员发货时,应按照发货凭证上列明的物品品名、产地、规格、型号、价格、数量、质量准确发货,当面点清数量和检验质量,确保出库物品品名和数量准确、质量完好、包装牢固、标志正确、发运及时安全,避免发生运输差错和损坏物品的事故。

二、物品出库的形式

(一) 送货

仓库根据货主预先送来的出库通知或出库请求,凭仓单通过发货作业,把应发物品交由运输部门送达收货人,这种发货形式通常称为送货制。仓库实行送货,要划清交接责任。仓储部门与运输部门的交接手续,是在仓库现场办理完毕的。运输部门与收货人的交接手续,是根据货主与收货人签订的协议,一般在收货人指定的到货地点办理。

送货具有"预先付货、按车排货、发货等车"的特点。仓库送货具有多方面的好处:仓库可预先安排作业,缩短发货时间;收货人可避免因人力、车辆等不便而发生的取货困难;在运输上,可合理使用运输工具,减少运输费用。仓储部门实行送货业务,应考虑货主不同的经营方式和供应地区的远近,既可向外地送货,也可向本地送货。

(二) 收货人自提

收货人自提是由收货人或其代理人持仓单直接到仓库提取物品,仓库凭单发货,这种发货形式通常称为提货制。它具有"提单到库,随到随发,自提自运"的特点。为划清交接责任,仓库发货人与提货人在仓库现场对出库物品当面交接并办理签收手续。

(三) 过户

过户是一种就地划拨的出库形式，物品虽未出库，但是所有权已从原存货户头转移到新存货户头。仓库必须根据原存货人开出的正式过户凭证，才予以办理过户手续。日常操作时，往往是仓单持有人的转让，这种转让要经过合法手续。

(四) 取样

取样是货主出于对物品质量检验、样品陈列等需要，到仓库提取货样而形成部分物品的出库。货主取样时必须持有仓单，仓库必须根据正式取样凭证才能发给样品，并做好账务登记和仓单记载。

(五) 转仓

货主为了方便业务开展或改变储存条件，需要将某批库存物品自某仓储企业的甲仓库转移到该企业的乙仓库，这就是转仓的发货形式。转仓时货主必须出示仓单，仓库根据货主递交的正式转仓申请单，给予办理转仓手续，并同时在仓单上注明有关信息资料。转仓只在同一仓储企业的不同仓库之间进行。若需要从 A 企业的某仓库将物品转移到 B 企业的某仓库，应该办理正常的出库和入库手续。

三、出库凭证审核

仓库接到出库凭证即出库单(也称仓单，见图 4 - 1)后，必须对出库凭证进行审核。

出库单

提货人：　　储存凭证号码：　　出货仓库：　　出货日期：

品名	规格	单位	计划数	实发数	单价	包装押金	小计金额
趣多多95 g香橙单卷装	1×24	件	24	24	0.83	100	120
趣多多285 g香橙家庭装	1×12	件	12	12	1.61	100	120
总计金额（人民币大写）							

主管审批：　　审核：　　仓管员：　　提货人：

图 4 - 1　出库单

(1)审核提货单的合法性和真实性。要审核提货单的合法性和真实性或审核领料单上是否有其部门主管或指定的专人签章,手续不全不予出库。如遇特殊情况(如救灾抢险),则需经有关部门负责人同意后方可出库,出库后需补办手续。

(2)核对物品的品名、型号、规格、单价、数量。

(3)核对收货单位、到货站、开户行和账号是否齐全和准确。如属收货人自提出库,则要核查提货单有无财务部门准许发货的签章。提货单必须是符合财务制度要求的具有法律效力的凭证。

(4)出库凭证审核中的问题处理:

1)凡出库凭证超过提货期限的客户前来提货,必须先办理手续,按规定缴足逾期仓储保管费后方可发货。任何白条都不能作为发货凭证。提货时,客户发现规格开错,保管员不得自行调换规格发货,必须通过制票员核查无误,重新开票方可发货。

2)凡发现出库凭证有疑点,或者情况不清楚,应及时与出具出库单的单位或部门联系,妥善处理;发现出库凭证有假冒、复制、涂改等情况时,应及时与仓库保卫部门联系,严肃处理,触犯法律的应依法移交公安机关处理。

3)物品进库未验收,或者期货未进库的出库凭证,一般暂缓发货,并通知货主,待货到并验收后再发货,提货期顺延,保管员不得代发代验。

4)如客户因各种原因将出库凭证遗失,客户应及时与仓库管理人员和财务人员联系挂失;如果挂失时货已被提走,仓管员不承担责任,但有义务协助货主找回物品;如果物品没有被提走,经仓库管理人员和财务人员查实后做好挂失登记,将原凭证作废,缓期发货。

出库凭证审核无误后,要按出库凭证所列项目要求和数量做好出库准备,包括拣选、补货、配货、加工、包装及出库物品应附有的质量证明书或抄件、磅码单、装箱单等附件。机电设备、仪器仪表等产品的说明书及合格证应随货同行。进口商品还要附海关证明、商品检验报告等。

四、信息处理

出库凭证审核无误后,将出库凭证信息进行处理。采用人工处理方式时,记账员将出库凭证上的信息按照规定的手续登记入账,同时在出库凭证上批注出库货物的货位编号,并及时核对发货后的结存数量。当采用计算机进行库存管理时,将出库凭证的信息录入计算机后,由出库业务系统自动进行信息处理,并打印生成的相应拣货信息(拣货单等凭证),作为拣货作业的依据。

任务书

本任务在课堂完成,通过对出库准备的实际操作模拟,更进一步熟悉物品出库流程中各环节。

【背景资料】

中山 A 物流公司仓库的信息管理员接到客户 D 零售便利店的出库申请单(见图 4-2),应该如何处理这项作业?

出库单

提货人:		储存凭证号码:		出货仓库:		出货日期:	
品名	规格	单位	计划数	实发数	单价	包装押金	小计金额
趣多多95 g香橙单卷装	1 x 24	件	24	24	0.83	100	120
趣多多285 g香橙家庭装	1 x 12	件	12	12	1.61	100	120
总计金额(人民币大写)							
主管审批:		审核:		仓管员:		提货人:	

图 4-2 出库单

任务分析

在实际操作中,出库准备是物品出库环节的工作之一,其效率的高低决定了服务质量和经济效益。本任务的重点在于按照客户订单的要求完成货物的出库

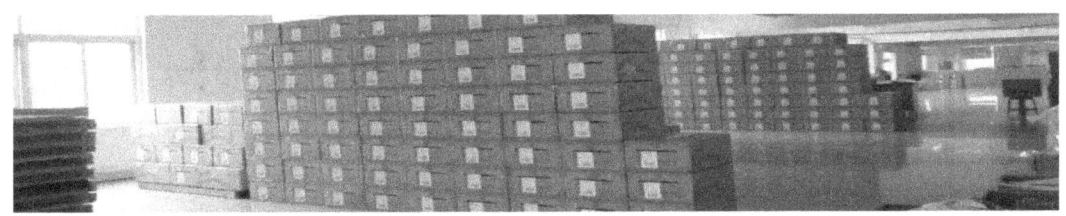

准备,大致操作内容如下:①审核提货单的合法性和真实性;②核对物品的品名、型号、规格、单价、数量;③核对收货单位、到货站、开户行和账号是否齐全和准确;④出库凭证审核中的问题处理。

(1)参考学时:8学时。
(2)准备:相关知识与材料的准备。
(3)要求:撰写实训报告,记录学习的收获及心得体会。

任务实施

【步骤1】审核出库凭证。

仓储业务部门接到货物出库凭证时,首先要对出库凭证进行仔细的审核工作。审核内容主要包括:

(1)审核出库凭证的合法性和真实性;
(2)核对货物的品名、型号、规格、单价、数量等有无错误;
(3)核对收货单位、到货站、银行账号等是否齐全和准确。

如发现出库凭证有问题,需经原开证单位进行更正并加盖公章后,才能安排发货业务。但在特殊情况(如救灾抢险等)下,可经领导批准先发货,事后再及时补办手续。

【步骤2】填制拣货单。

根据出库凭证的信息填制相应的拣货单(图 4-3)。

拣货单

拣货单编号：_____ 订单编号：_____

用户名称		地址						电话		
出货日期				出货货位号						
拣货日期		年 月 日至 年 月 日						拣货人		
核查时间		年 月 日至 年 月 日						核查人		
序号	储位号码	商品名称	规格型号	商品编码	包装单位			数量	备注	
					箱	整托盘	单件			
备注										
	托运人（签章） 日期： 年 月 日					承运人（签章） 日期： 年 月 日				

图 4-3 拣货单

练一练

(1) 物品出库要做到哪"三不、三核、五检查"？

(2) 物品可以以哪些形式出库？

(3) 出库凭证审核主要审核哪些内容？

实训考核

被考核组别或个人						
考评地点						
考评内容						
考评标准		分值	自我评价	他组评价	教师评价	实际得分
	充分准备实训情况	10				
	正确、完整查阅实训所需资料	20				
	积极参与讨论，良好完成实训各项分任务	60				
	团队合作精神	10				
备注						

任务二 出库操作

实训目标

（1）了解货物出库要求；
（2）了解货物出库方式；
（3）熟知货物出库流程；
（4）能描述货物出库流程，绘制出库流程图；
（5）能够操作办理货物出库业务。

知识要点

商品出库业务，是指仓库各业务部门根据商品出库凭证所办理的商品出库手续及其作业的全过程。商品出库要及时准确，杜绝差错，做到一次性完成任务，使用户满意。因此，商品出库必须根据货主开出的"提货单"或"商品调拨通知单"等正式出库凭证进行，严禁无单或白条发货。在作业过程中要严格执行规章制度，具体要求是"三不、三核、五检查"。

一、商品出库准备

1. 催提

催提是指仓库通过传真、电话、信件等方式对即将到期的存货向提货人或存货人发出提货通知的行为。

催提工作应该在存货到期日的前一段时间进行。如果仓储合同中约定了催提时限，则应根据合同约定的期限催提；如果合同没有约定，仓库应该在合理的提前时间内催提，保证提货人有足够的准备时间。

2. 原商品包装的整理

货物经多次装卸、堆码、翻仓和拆检,部分商品包装受损在所难免,有的已不适宜运输。因此,仓库必须事先查看、整理,发现残损、潮湿、松散的不良包装时,应该负责更换或加固处理。标志模糊或脱落的,要进行补刷或补贴。

3. 零星货物准备

有些货物需要拆零后出库,有些货物则需要拼箱,仓库应事先做好分装、组配的准备,以免因临时拆零、整理而延误发货时间。

4. 包装用品准备

对有装、拼箱或改装业务要求的,在发货前应根据性质和运输部门的要求,准备各种包装材料及相应的衬垫物,刷写包装标志的用具、标签、颜料,以及钉箱、打包等工具。

5. 理货场地和装卸设备准备

根据商品出库量和作业性质的需要,应清理出足够的理货场地,调配必要的装卸搬运设备,保证作业流畅高效,及时发运货物。

6. 资料准备

要准备好随货出库的商品技术资料、合格证、磅码单、装箱单等资料。

7. 组织准备

发货作业是一项涉及面广、工作量大、时间紧的工作,需要全体作业人员分工协作。合理的人员组织是完成发货的必要保证。

二、核单备货

仓库接到出库凭证(如出库单提货联,见图4-4)后,由业务部门进行仔细审核。核对的主要内容包括:审核出库凭证的完整性、真实性、合法性;核对出库商品的品名、规格、型号、数量,收货单位,到货站,银行账号等具体项目;审核出库凭证的有效期。

发货单——提货联							
购买者（全称）			所属局或地区				
发货仓库			仓库地址				
储存凭证或栈号			年　　月　　日				
货号、品名、规格、牌号	国别及产地	包装及及件数	单位	数量	单价	总价	实发数
危险品标志章及备注	运费	容器押金		总金额			
	人民币（大写）						
审核：				制单：			

图 4-4　提货联

审核无误后,业务部门将出库凭证移交给仓库保管员。保管员根据出库凭证备货。备货应该遵循"先进先出、已坏不出"的原则。备货的主要任务包括：

1. 核对

根据出库凭证所列商品的品名、规格找到对应货位,要"以单对卡,以卡对货",进行单、卡、货三核对。

2. 销卡

大多数仓库的货卡是悬挂在货垛上的,但也有集中保管的,在货物出库时应先销卡,后付货。

3. 点数

要仔细点清应付商品的数量,防止差错。

4. 批注地区代号

在多批货物同时发货而需要理货时,为方便下道作业环节,保管员在货物的

外包装上还必须批注地区代号。

5. 复核

复核是商品出库业务中的关键环节之一,是防止差错的必不可少的措施。复核的形式有保管员自核或互核、专职人员复核等。

复核的内容包括出库商品品名、型号、规格、数量、单价等是否与出库凭证一致,账、卡、物的结余数是否相符,配套是否齐全,技术证件是否齐备,外包装是否完好等。为使复核起到有效的把关作用,保管员和复核员都应在出库凭证上签名,责任到人。

三、商品交付

仓库发货人员在备齐商品,并经复核无误后,必须当面向提货人或接货人按单列货物和全部证件逐件点交,明确责任,办理交接手续。交接清楚后,提货人或接货人需在出库凭证上签章。点交是商品出库业务中另一个关键性环节,是仓库和提货方责任承担的分界线。

商品的出库形式一般有以下几种:

1. 自提

自提即由收货人或其委托人持"提货单"或"商品调拨通知单"直接到仓库提货,仓库凭单发货。它具有"提单到库、随到随发、自提自运"的特点。为划清交接责任,仓库发货人与提货人应在仓库现场,对出库商品当面交接清楚并办理签收手续。

自提一般采用先记账后发货的记账方式,通常核单与记账由业务部门(账务人员)一次连续完成。登账后,账务人员在提货单上批注商品出仓数和账面结存数,并转交给保管员,保管员据此销卡、备货、核对账卡物结存。

2. 送货

送货即仓库保管部门根据货主提交的"提货单"或"商品调拨通知单"备货,然后把应发商品送交运输部门送达收货单位。这种发货形式就是通常所称的送货上门。

仓储部门与运输部门的交接手续是在仓库现场办理完毕的。运输部门与收货单位的交接手续,一般根据货主单位与收货单位签订的协议,在收货单位指定的到货目的地办理。

送货采用先发货后记账的方式,业务部门核单后,先将提货单转交给保管员,保管员据此销卡、备货、批注实物结存数,待货发讫后再交给账务人员核对账面结存并记账。

3. 移仓

移仓即货主单位由于业务上的需要或改变储存条件,需要将某批商品从甲库转移到乙库的一种发货形式。对于甲库来说是出库,仓库必须根据货主单位开出的正式移仓单予以办理。

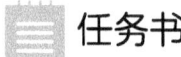

任务书

【背景资料】

福建华夏物流中心接到客户的出库请求,要从该中心提取存储的纯净水、洗衣粉、牙膏等日用品,具体品名及数量如表4-1所示。这些物品要分别送往两个外地客户,客户的需求情况如表4-2所示,出库方式为送货上门。试完成该订单的货品出库作业。

表4-1 出库商品信息表

序号	商品	规格	数量	包装
1	汪之洋纯净水	500 g	10瓶	纸箱装
2	奥妙洗衣粉	500 g	10袋	纸箱装
3	云南白药牙膏	100 g	12盒	纸箱装

表4-2 客户需求情况表

客户名称	需求品种及数量		
	汪之洋纯净水	奥妙洗衣粉	云南白药牙膏
甲	5瓶	4袋	7盒
乙	5瓶	6袋	5盒

 任务分析

本项目设计为福建华夏物流中心出库操作,涉及货物出库作业的基本技能。本任务在学校物流实训室完成,学生在指导教师的带领下,分组完成货物出库操作。通过本项目的实训,使学生熟练掌握商品的一般出库程序,培养和提高学生出库作业的实际动手能力。

(1)参考学时:12学时。

(2)准备:

1)纸箱,分别标明汪之洋纯净水、奥妙洗衣粉、云南白药牙膏。

2)标准塑料物流箱。

3)手推车。

4)提货单、出库单、发货单、发货清单、货物资料卡、货物异常报告。

(3)分组:

将学生分成若干小组(表4-3),每组10人,其中2人充当业务受理员,2人充当保管员,2人充当复核员,2人充当理货员,2人充当司机,以小组为单位完成该项目实训。小组人员根据各班实际人数情况进行分配。

表4-3 学生分组

分工	各组人数		
	A	B	……
业务受理员	2	2	……
保管员	2	2	……
复核员	2	2	……
理货员	2	2	……
司机	2	2	……

(4)要求:撰写实训报告,记录学习的收获及心得体会。

任务实施

【步骤1】出库业务受理——做好出库前的各项准备工作。

(1)检查包装。查一查这批货经过装卸、堆码等工作后,有没有包装受损不适宜运输的,如有,须进行整理、加固乃至改换包装。

(2)准备好相关作业用品,如需要更换的包装箱或加固材料、打包机、标签等。

(3)准备好装卸搬运机械,如物流箱、手推车等。

(4)调配好作业人员。

【步骤2】开始出库。

(1)备货。保管员对货物出库凭证复核无误后,按其所列项目内容和凭证的批注,与编号的货位对货,核实后配货。备完货后要先销卡,然后才能付货。

(2)理货。由于该批货实行送货制,所以要将货物按流向搬到备货区,再进行核对,主要核对货物流向与出库单是否一致。然后置办,在货物两端粘贴收货单位的标志。

(3)复核。复核员"以单对卡,以卡对货",进行"单、卡、货"现场三核对,核对凭证号、实发数量、规格型号、储存单位、存货数量等,确保所出库的商品名称、规格、数量等与出库凭证上所列一致,确认无误后签名,并将所有单证退交保管员。

(4)清点交接和装车。出库电脑经复核及包装后,理货员要向送货人当面点交。点交完毕后,报关员要在出库凭证上签名和批注结存数,之后就可以装车发运了。

(5)出库过程异常情况处理。出库过程中有异常情况时,还要填写异常情况处理报告。

练一练

海风物流公司收到明鸿科技公司的出库单,要求提取一批货物。根据公司仓储系统的库存提示,这些货物都可正常提货。当明鸿科技公司的司机拿着提货单(图4-5)到达仓库时,作为出库的发货人员,你要如何办理相关出库业务?

客户名称	提货名称	提取数量	单价/(元/桶)
A	双氧水	10箱	250.00/箱
	碳化硅	15桶	350.00/桶
	重铬酸钾	20桶	2300.00/桶

图4-5 提货单

实训考核

被考核组别或个人						
考评地点						
考评内容						
考评标准		分值	自我评价	他组评价	教师评价	实际得分
	充分准备实训情况	10				
	正确、完整查阅实训所需资料	20				
	积极参与讨论，良好完成实训各项分任务	60				
	团队合作精神	10				
备注						

任务三 送货作业

实训目标

(1) 了解配送中心送货作业的概念与特点;
(2) 了解配送中心送货作业的功能与地位;
(3) 了解配送中心送货作业的影响因素;
(4) 掌握配送中心送货作业的分类;
(5) 为配送中心送货方式做出合理的选择;
(6) 能够画出配送中心送货作业流程。

知识要点

一、送货作业概述

1. 送货作业的概念

送货作业是指将被订购的货物使用汽车或其他运输工具从供应点送至客户手中的活动。货物可能从工厂等生产地配送中心直接送至客户,也可能通过批发商、经销商或由配送中心、物流中心转送至客户手中。

这里送货的"送"特指配送运输,是一种短距离、小批量、高频率的运输形式。从运输角度看,它是对干线运输的一种补充和完善,属于末端运输和支线运输;从服务的目标看,它在满足客户要求的前提下优化配送距离。国内配送中心、物流中心设置的配送经济里程一般在 30 km 以内。

2. 送货作业的影响因素

影响送货作业的因素主要有动态因素和静态因素。动态因素如车流量变

化、道路施工、配送客户的变化、可供调度车辆类型与数量的变动等;静态因素如配送客户的分布区域、道路交通网络、车辆运行限制等。这些因素都可能导致送货不及时、配送路径选择不当、延误交货时间等送货服务质量下降,因此需要对送货作业进行有效管理,否则不仅影响配送效率和信誉,而且还将直接导致配送成本的上升。

3. 送货作业的特点

(1)时效性。快速及时,即确保在客户指定的时间内交货,是客户最重视的因素,也是配送运输服务性的充分体现。

(2)安全性。配送运输的宗旨是将货物完好无损地送到目的地。货物的装卸作业,运送过程中的机械振动和冲击及其他意外事故,客户所在位置及作业环境,配送人员的素质等,这些都会影响配送运输的安全性,因此,在配送运输管理中必须坚持安全性原则。

(3)沟通性。配送运输是配送的末端服务,它通过送货上门服务直接与客户接触,是与客户沟通最直接的桥梁,有效沟通对公司自身的形象和信誉起着非常重要的作用。所以,必须充分利用配送运输活动与客户沟通的机会,巩固和发展公司的信誉,为客户提供更优质的服务。

(4)方便性。配送运输以服务为目标,以最大限度地满足客户要求,因此,应尽可能让客户享受到便捷的服务。通过采用高弹性的送货系统,如紧急送货、顺道送货与退货、辅助资源回收等,为客户提供真正意义上的便利服务。

(5)经济性。实现一定的经济利益是企业运作的基本目标,因此,对合作双方来说,以较低的费用完成送货作业是企业建立双赢机制、加强合作的基础。所以,客户的要求不仅是高质量、及时方便的配送服务,还必须提高配送运输的效率,加强成本控制与管理,为客户提供优质、经济的配送服务。

4. 送货作业的地位

送货是指借助于运力在空间上发生的位置移动,对人和物的载运及输送。

物流送货中的运送专指"货"的载运及输送。它是在不同地域范围间(如两个城市、两个工厂之间,或一个大企业内相距较远的两车间之间),以改变"货"的空间位置为目的的活动。与搬运的区别在于,运送是较大范围的活动,而搬运是在同一地域之内小范围的活动,两者的活动范围存在着差别。

(1)运送是物流的主要功能要素之一。按物流的概念,物流是"物"的物理性运动,这种运动不但改变了物的时间状态,也改变了物的空间状态。而运送承担了改变空间状态的主要任务,运送是改变空间状态的主要手段,运送加上搬运等活动,基本能完成改变空间状态的全部任务。在现代物流观念诞生之前,甚至就在今天,仍有不少人将运送等同于物流,其原因是物流中很大一部分任务是由运送完成的。运送是物流的主要功能要素。

(2)运送是社会物质生产的必要条件之一。运送是国民经济的基础。马克思将运输称为"第四个物质生产部门",将运输看成是生产过程的继续,这个继续虽然不以生产过程为前提,但如果没有这个继续,生产过程则不能最后完成。所以,虽然运送这种生产活动和一般生产活动不同,它不创造新的物质产品,不增加社会产品数量,不赋予产品以新的使用价值,而只变动其所在的空间位置,但这一变动却使生产能继续下去,使社会再生产不断推进,所以应将其看成一种物质生产部门。运送作为社会物质生产的必要条件,表现在以下两个方面:在生产过程中,运送是生产不可缺少的直接组成部分,没有运送,生产内部的各环节就无法连接,生产过程就无法完成;在社会上,运送是生产过程的继续,这一活动连接着生产与再生产,连接着生产与消费,连接着国民经济各部门、各企业,连接着城乡,连接着不同国家和地区。

运送可以创造"场所效用"。场所效用是指同种"物"由于空间场所不同,其使用价值的实现程度不同,效益的实现也不同,通过改变"物"存在的场所而发挥其最大使用价值,最大限度地提高了投入产出比。通过运送,将"物"运到场所效用最高的地方,就能发挥"物"的潜力,实现资源的优化配置。从这个意义来讲,相当于通过运送提高了物的使用价值。

运送是"第三个利润源"的主要源泉。运送是运动中的活动,它和静止的保管不同,要靠大量的动力消耗才能实现;而运送又承担大跨度空间转移的任务,所以活动的时间长、距离长、消耗大。消耗的绝对数量大,其节约的潜力也就大。

从运送费用来看,运送费用在全部物流费用中占的比例最高,一般综合分析计算社会物流费用,运送费用在其中占接近50%的比例,有些产品运送费用高于产品的生产费用。所以,运送费用节约的潜力很大。

由于运送总里程长、总量巨大,通过体制改革和运送合理规划调度,可大大缩短运送距离和减少运送量,从而节省较多费用。

5. 送货作业的功能

送货一般具备货物转移和货物储存两大功能。

(1) 货物转移功能。无论货物处于什么形式,是材料、零部件、装配件、在制品还是产成品,不管是在制造过程中将被移到下一阶段,还是实际上已经接近最终顾客,运送都是必不可少的。运送的主要功能就是货物在价值链中的来回移动。运送利用时间资源、财务资源和环境资源来提高产品价值,实现货物移动的意义。

运送涉及利用时间资源,因为这里的货物是转移过程中的存货,它在运送过程中是难以存取的;运送使用财务资源,因为运送要发生开支,如司机报酬、运行费用、一般杂费和行政管理费用等。所以,运送的主要目的就是要以最少的时间、财务和环境资源成本,将货物从供应地转移到需求地。

(2) 货物储存功能。对货物进行临时存放是一个特殊的运送功能,这个功能以往并没有被人们关注。将运送车辆临时作为相当昂贵的储存设施,这是因为转移的货物需要储存,但在短时间内(如1至3天)又将重新转移,那么该货物在配送中心卸下来和再装上车的成本可能高于存放在运送工具中支付的费用。在配送中心储位有限的时候,利用运送车辆存放也是一种可行的选择。在本质上,运送车辆被用作一种临时存储设施,它是移动的,而不是闲置静止的。总之,利用运送工具作为临时储存设施是高成本的,但如果考虑到装卸成本、固定设施有限的储存能力、营销机会、交付时间的约束条件,从总成本的角度来看,这样做可能是可取的。

二、送货作业方式

送货作业方式按不同方法有不同的分类方式。

1. 按运送设备及运送工具不同分类

（1）公路运送。公路运送是主要使用汽车在公路上进行运送的一种方式。公路运送主要承担近距离、小批量的货运，铁路、水运运送难以到达地区的长途大批量货运，铁路、水运优势难以发挥的短途运送等。由于公路运送有很强的灵活性，近年来，在有铁路、水运的地区，较长途的大批量运送也开始使用公路运送。

公路运送的主要优点是货损货差小，安全性高，灵活性强，易于因地制宜，对设施要求不十分苛刻。公路运送可以实现"门到门"服务，也可作为其他运送方式的衔接手段。尽管公路运输中存在各种各样的问题，但是随着高速公路的建设，运输业务的拓展，运送经济半径的不断扩大，公路运送将在物流作业中发挥不可替代的作用。

（2）铁路运送。铁路运送是使用铁路列车在铁轨上进行运送的一种方式，是陆地长距离运送的主要方式。铁路运送主要承担长距离、大批量的货运，是在干线运送中起主力作用的运送形式。铁路运送的优点是适应性强，安全程度高，速度快，能耗小，环境污染程度小，运送受自然条件限制小，载运量大，运送成本较低；缺点是灵活性差，运送货物滞留时间过长，只能在固定线路上实现运送，需要其他运送手段配合、衔接和补充。

（3）水路运送。水路运送是使用船舶在江河湖海里进行运送的一种方式。水路运送主要承担大数量、长距离的运送，是在干线运送中起主力作用的运送形式。在内河及沿海地带，水运也常作为小型运送工具使用，担任补充及衔接大批量干线运送的任务。水路运送的主要优点是投资小，运输成本低，运输能力大，运输距离远；其缺点是运送速度慢，受港口、水位、季节和气候影响较大。水路运送的形式有沿海运送、近海运送、远洋运送、内河运送等。

（4）航空运送。航空运送是使用飞机或其他航空器在空中进行运送的一种形式。航空运送的成本很高，主要适合运载的货物有两类：一类是价值高、运费承担能力很强的货物，如小型精密仪器、贵重设备的零部件及高档产品等；另一类是紧急需要的物资，如救灾抢险物资等。航空运送的主要优点是速度快，不受地形的限制。在火车、汽车达不到的地区可依靠航空运送，因而有其重要意义。

（5）管道运送。管道运送是利用管道输送气体、液体和粉状固体的一种运送方式。其运送形式是靠物体在管道内顺着压力方向循序移动实现的，它与其他运送方式的重要区别在于：管道设备是静止不动的，不占用或少占用地面空间。管道运送的主要优点是在运输过程中不会发生散失、丢失等损失，也没有消耗动力所形成的无效运送问题，运送量大且连续不断。

2. 按运送线路不同分类

（1）干线运送。干线运送是指利用铁路、公路的干线及大型船舶的固定航线进行的长距离、大数量的运送，是进行远距离空间位置转移的重要运送形式。干线运送一般速度较同种工具的其他运送方式要快，成本也较低。

（2）支线运送。支线运送是指与干线相接的分支线路上的运送，是干线运送与收发货地点之间的补充性运送形式，路程较短，运送量相对较小。支线运送的建设水平往往低于干线,运送工具装备水平也往往低于干线,因而其速度较慢。

(3)城市内运送。城市内运送是一种补充性的运送形式,路程较短。干线、支线运送到站后,它承担着站或配送中心到客户指定接货地点之间的运送,运送量一般较小。

(4)厂内运送。厂内运送是指在工业企业范围内,直接为生产过程服务的运送。一般在车间(分厂)与车间(分厂)之间、车间(分厂)与配送中心之间进行。在小型企业中、大企业车间(分厂)内部、配送中心内部的这种运送一般不称"运送",而称"搬运"。

3. 按运送作用不同分类

(1)集货运送。集货运送是指将分散的货物汇集集中的运送形式,一般是短距离、小批量的运送,货物集中后才能利用干线运送形式进行远距离、大批量运送,因此,集货运送是干线运送的一种补充形式。

(2)配送运送。配送运送是指将配送中心已按用户要求配好的货物分送给各个用户的运送,一般是短距离、小批量的运送。从运送的角度讲,是对干线运送的一种补充和完善。

4. 按运送协作程度不同分类

(1)一般运送。一般运送是孤立地采用不同运送工具而没有形成有机协作关系的运送,如汽车运送、火车运送等。

(2)联合运送。联合运送简称为联运,是使用同一运送凭证,由不同运送方式或不同运送企业进行有机衔接运送货物,利用每种运送手段的优势充分发挥不同运送工具效率的一种运送形式。采用联合运送方式,可以简化托运手续,方便用户。同时可以加快运送速度,有利于节省运费。经常采用的联合运送形式有铁海联运、公铁联运、公海联运等。

(3)多式联运。多式联运是联合运送的一种现代形式。一般的联合运送规模较小,在国内大范围物流和国际物流领域,往往需要反复地使用多种运送手段进行运送。在这种情况下,通过进行复杂的运送方式衔接,并且具有联合运送优势的运送,称作多式联运。

三、送货方式选择

在送货市场中存在着多种不同的运送线路、多样化的运送方式、多种运送工具,因此送货方式的选择要根据各种运输的特点理性、科学地分析,把握要点,选择确定比较理想的送货方式。

1. 影响运送方式选择的因素

一般来说,送货方式选择会受运送货物的种类、运送量、运输距离、运送速度、运送成本五个因素的影响。当然,这些条件不是互相独立的,而是紧密相连、相互影响的。对这五个因素具体分析,发现货物的种类、运送量和运输距离三个条件是由货物自身的性质和存放地点决定的,因而属于不可变量,对这几个条件进行大幅度变更从而改变运输方式的可能性很小;而运送速度和运送成本是可以通过合理安排来进行控制的,也是不同运送方式相互竞争的重要条件,运送速度与成本的变化必然带来所选择运送方式的改变。

(1) 运送速度。运送速度是指完成特定的运送任务所需的时间。运送速度和成本的关系主要表现为:其一,运送服务越快,运送成本通常越高;其二,运送服务越快,运送中的存货越少,无法利用的运送间隔时间就越短。因此,选择期望的运送方式时,主要是如何平衡运送服务的速度和成本。

(2) 运送成本。运送成本是指两个地理位置间的运送所支付的款项及其相关的行政管理和维持运送的有关费用。运送成本的系统设计应该是把运送总成本降到最低程度的运送。

2. 保持运送的一致性

保持运送的一致性是指在若干次装运中履行某一特定的运次所需的时间与原定时间或与前几次运送所需时间的一致性,它是运送可靠性的反映。多年来,运送经营商已把一致性看作高质量运送最重要的特征。如果给定的一项运送服务第一次花费2天,第二次花费6天,这种意想不到的变化就会产生严重的物流作业问题。如果运送缺乏一致性,就需要安全储备存货,以防预料不到的服务故障。运送一致性会影响卖方承担的存货义务并带来有关风险。随着控制和报告装运状况的信息新技术的应用,物流经营商能找到既快捷又能保持一致性的方法,而速度和一致性相结合则是保证运送高质量的必要条件。

3. 运送工具与设备选择

运送需求可以通过三种基本的方式实现。第一,可以使用自有的车队设备;第二,与专业运送公司签订运送合同;第三,可以向各种提供以单独装运为条件的运送代理人预订服务。这三种形式的运送即是自营运送、合同运送和公共运送。无论哪种运送方式,都会涉及运送工具与设备的合理选择。良好的运送方案要有相应的运送工具支持,特别是现代运送系统,更强调一体化设计和一体化运作。合理选择和配备运送工具与设备,正确认识运送工具与设备的特点,对此配送中心要有更加清晰的认识。

对于配送中心,运送工具的选择主要表现为运送工具的购置、租赁选用。配送中心承担的自营运送,应加强对购置的各种运送工具和设备的合理运用。因为运送工具和设备属于固定资产,为相对固定费用,在物流变动时其绝对额通常保持不变或变化很小,同物流量成反比关系,即物流量增长时,平均分摊的费用水平反而下降。加强对运送工具和设备的合理运用,应从以下几个方面入手:

(1)车辆类型的确定。配送中心运送货物的类别决定购置车辆的类型,如冷冻冷藏食品配送需要选择冷藏车,一般货物的配送需要选择厢式车等。为了节约成本,提高利用率,也可购置敞篷式平板车用于批量货物的运送。但随着运输配送规范的进一步完善及食品安全要求的提高,城市配送特别是快速消费品的配送,厢式货车是选择的必然趋势。

(2)车辆吨位的确定。对于单位货物运送成本,车辆越大,承载能力越大,每次运送的单位货物运送费用越低。在可能的情况下,选择大吨位的车辆进行配送运送是降低运送成本的好方法。但选择大吨位的车辆配送运送要受到许多条件的限制。第一,订单批量的限制。一个或几个客户的配送运送量在线路排定以后达不到一定吨位,用大承载能力的车辆无疑是一种浪费。第二,交通管制的限制。许多城市对车辆都有行驶时间和吨位的限制,一般不允许大吨位车辆白天进入市区送货或限制吨位在一定范围内。所以,车辆吨位的确定一定要权衡各种条件,选择恰当承载能力的车辆。

(3)车辆厢体体积的确定。选择车辆厢体体积要根据运送货物的密度(或称比重)确定。运送密度较大的货物,如冷冻品、食品等,应选择厢体较小或配置标准厢体的车辆。运送密度较小的货物,应选择厢体较大的车辆。对于配送中

心来说,要考虑尽可能少地配备车辆,发挥车辆的最大运输能力。

(4)车辆标准的确定。配送中心选择车辆,要按照标准化的原则进行。第一是在现有标准车辆系列中选择适合配送中心需要的系列车辆,车辆品种尽可能少;第二是车辆的配置、尺寸、开门方向和大小等要求应统一。标准化的车辆系列和配置是配送中心运送高效化的保证,能够增加车辆的替代性,减少维修成本。

(5)车辆的其他配置。车辆附属装备的配置是车辆型号选择和再设计的重点,是为了更好地实现配送运输而提出的。例如,车辆货门的选择是为了方便卸货,尤其对多客户的配送、多温度控制的货物配送,货门的选择十分重要,一般根据配送运输特性,考虑订单运送所包含的货物种类及不同种类货物的比例来确定。

在运送工具的租赁选用中,要根据货物的特征、运送时间、运送的条件和运送方式的突出特点等,通过对运送成本与费用的分析,对同一批货物计算其铁路、公路、水运、空运的成本费用,然后进行合理选择。

四、送货作业流程

1. 划分基本配送区域

为使整个配送有一个可循的基本依据,应首先将客户所在地的具体位置进行一个系统规划,并将其做区域上的整体划分,将每一客户囊括在不同的基本配送区域之中,以作为下一步决策的基本参考。例如,按行政区域或交通条件划分不同的配送区域,在这一区域划分的基础上再做弹性调整来安排配送。

2. 车辆配载

由于配送货物种类、特性各异,为提高配送效率,确保货物质量,必须首先对特性差异大的货物进行分类。在接到订单后,将货物依特性进行分类,以分别采取不同的配送方式和运输工具,如按冷冻食品、速食品、散装货物、箱装货物等分类配载;其次,配送货物也有轻重缓急之分,必须初步确定哪些货物可装配于同一辆车中,哪些货物不能装配于同一辆车中,以做好车辆的初步配载工作。

3. 暂定配送先后顺序

在考虑其他影响因素,做出确定的配送方案前,应先根据客户订单要求的送货时间将配送的先后作业次序做初步的计划,为后面车辆积载做好准备工作。计划工作的目的是保证达到既定的目标,所以,预先确定基本配送顺序既可以有效地保证送货时间,又可以尽可能提高运作效率。

4. 车辆安排

车辆安排要解决的问题是安排什么类型、什么吨位的配送车辆进行最后的送货。一般企业拥有的车型有限,车辆数量也有限,当本公司车辆无法满足要求时,可使用外雇车辆。

无论是自有车辆还是外雇车辆,都必须首先掌握有哪些车辆可供调派并符合要求,即这些车辆的容量和额定载重是否满足要求;其次,在安排车辆之前,还必须分析订单上货物的信息,如体积、重量、数量等对装卸的特别要求,综合考虑各方面因素的影响,做出最合适的车辆安排。

5. 选择配送线路

知道了每辆车负责为哪些客户配送货物后,如何以最快的速度完成对这些货物的配送,即如何选择配送距离短、配送时间短、配送成本低的线路,需要根据客户的具体位置、沿途的交通情况等做出优先选择和判断。除此之外,还必须考虑客户或其所在地环境对送货时间、车型等方面的特殊要求,如有些客户不在中午或晚上收货,有些道路在某高峰期实行特别的交通管制等。

6. 确定最终的配送顺序

做好车辆安排及选择好最佳的配送线路后,依据各车负责配送货物的具体客户的先后,即可将客户的最终配送顺序加以确定。

7. 完成车辆积载

明确了客户的配送顺序后,接下来就是如何将货物装车、以什么次序装车,即车辆的积载问题。原则上,知道了客户的配送顺序先后,只要将货物依"后送先装"的顺序装车即可。但有时为了有效利用空间,可能还要根据货物的性质(怕震、怕压、怕撞、怕湿)、形状、体积及重量等做出弹性调整。

8. 运送与交割服务

装好货物后,进行实际的送货服务,运输过程中可使用 GPS 和 GIS 等先进的信息技术进行监控,保证货物的质量与安全;货物到达后,与客户进行货物权限的交接,以划分责任界限。

任务书

本任务需要在物流实训室中完成。通过对送货的实际操作,更进一步提升对配送中心业务流程的理解与实践。

【背景资料】

深圳 A 物流公司配送中心的信息管理员打印出五张送货单(见图 4-6 至图 4-10)交给送货员,要求其把货物装上车并送到客户指定的位置。作为配送中心的送货员,应该如何处理这项作业?

深圳 A 物流公司配送中心送货单									
申请单号:OA20110805001				送货单号:OD20140421001						
客户:A 零售便利店				送货地址:深圳南山科技园××楼××号					
联系人:马某				联系电话:83920275		2014 年 4 月 21 日			
编号	货物条形码	货物名称	规格	单位	数量	物流箱号	到货数量	备注
1	6923219114	电池	80 g	碗	12	LB01		
2	6934560699	香菇肉酱	180 g	罐	24	LB01		
制单人:陈某		送货员:			收货员:				

图 4-6 送货单 1

深圳 A 物流公司配送中心送货单									
申请单号:OA20110805002				送货单号:OD20140421002						
客户:B 零售便利店				送货地址:深圳南山科技园××楼××号					
联系人:吴某				联系电话:86300000		2014 年 4 月 21 日			
编号	货物条形码	货物名称	规格	单位	数量	物流箱号	到货数量	备注
1	6923219114	电池	1.5 V	卡	10	LB02		
2	6934560699	川贝糖	26 g	瓶	10	LB02		
制单人:陈某		送货员:			收货员:				

图 4-7 送货单 2

深圳A物流公司配送中心送货单								
申请单号：OA20110805003					送货单号：OD20140421003			
客户：C零售便利店					送货地址：深圳南山科技园××楼××号			
联系人：赵某				联系电话：27800000		2014年4月21日		
编号	货物条形码	货物名称	规格	单位	数量	物流箱号	到货数量	备注
1	6923219120	雪花杨梅	100 g	包	58	LB03		
2	6934560199	强力粘钩		个	12	LB03		
制单人：陈某		送货员：			收货员：			

图 4-8 送货单 3

深圳A物流公司配送中心送货单								
申请单号：OA20110805004					送货单号：OD20140421004			
客户：D零售便利店					送货地址：深圳南山科技园××楼××号			
联系人：葛某				联系电话：28900000		2014年4月21日		
编号	货物条形码	货物名称	规格	单位	数量	物流箱号	到货数量	备注
1	6923219055	巧克力	35 g	袋	24	LB04		
2	6934560009	也也酥	85 g	袋	24	LB04		
制单人：陈某		送货员：			收货员：			

图 4-9 送货单 4

深圳A物流公司配送中心送货单								
申请单号：OA20110805005					送货单号：OD20140421005			
客户：E零售便利店					送货地址：深圳南山科技园××楼××号			
联系人：程某				联系电话：25500000		2014年4月21日		
编号	货物条形码	货物名称	规格	单位	数量	物流箱号	到货数量	备注
1	6923219055	葡萄汁	400 ml	瓶	12	LB01		
2	6934560009	江南小炒	200 g	包	48	LB01		
制单人：陈某		送货员：			收货员：			

图 4-10 送货单 5

任务分析

在实际操作中,送货作业是配送的核心活动之一,它是指将客户所需的货物使用汽车或其他运输工具从配送中心送至客户手中的活动。本任务的重点在于熟悉配送业务核心的送货作业流程,具体操作内容如下:①送货员告知车辆调度员送货的地点,协助其确定出送货路线及其车型;②排出不同客户的货物装车顺序;③使用装卸搬运设备完成货物装车作业;④运送货物,有选择地使用实时GPS微调送货路线;⑤到达客户指定地点后交割货物;⑥交还送货单,完成送货作业。

(1)参考学时:8学时。

(2)准备:相关知识准备。

(3)要求:撰写实训报告,记录学习的收获及心得体会。

 任务实施

【步骤1】确定配送车辆的送货线路。

送货员将送货单的送货地址告知配送中心的调度员,协助其确定配送车辆行驶的线路。

【步骤2】确定配送车辆的车型。

根据送货单上提供的货物类型、性质、数量、重量等信息,确定配送车辆的类型。

【步骤3】确定配送车辆的装车顺序。

送货员根据拟送客户的先后顺序,采用"后送先装"的策略,确定装车顺序,准备进行装车作业。

【步骤4】装车作业。

送货员使用叉车、装卸作业平台等设备完成装车作业。

【步骤5】运送货物。

送货员完成装车作业后,跟随配送车辆一起执行送货任务。在运送途中可以使用GPS与GIS等先进的信息技术监控货物与路况,确保货物准时送达。

【步骤6】交割货物。

配送车辆到达客户指定位置后,送货员将货物卸下,或与客户一起将货物卸下,使用较为规范的配送服务用语要求客户验收货物并签收,见图 4-11。

深圳 A 物流公司配送中心送货单									
申请单号:OA20110805001					送货单号:OD20140421001				
客户:A 零售便利店					送货地址:深圳南山科技园××楼××号				
联系人:马某			联系电话:26900000				2014 年 4 月 21		
编号	货物条形码	货物名称	规格	单位	数量		物流箱号	到货数量	备注
1	6923219114	电池	80 g	碗	12		LB01	12	
2	6934560699	香菇肉酱	180 g	罐	24		LB01	24	
制单人:陈某		送货员:王某				收货员:张某			

图 4-11 签收送货单 1

【步骤 7】交还送货单。

送货员将所有的货物都送完后,返回配送中心,并将相关单据交还给配送中心的信息管理员,完成送货作业。若在送货过程中出现异常情况,应及时向配送中心的主管汇报,等待配送中心主管指令采取进一步行动。

练一练

(1)送货作业的功能有哪些?
(2)配送中心在选择送货方式的时候应该考虑哪些因素?
(3)简述配送中心送货作业流程,其关键环节是哪几个?
(4)送货单的信息与货物不相符时应该如何处理?
(5)货物到达客户要求位置时,司机或送货员把单据弄丢了,客户是否可以收货,为什么?

实训考核

小组序号			学生姓名		学号	
小组成绩			个人最终成绩			
考核内容	满分	得分	考核内容	满分	得分	
填制、交还送货单	30		小组分解得分	70		
确定车辆装车顺序	40		个人角色执行	20		
送货作业流程	30		团队合作	10		
合计	100		合计	100		
考核人：			考核时间：			

任务四　退货作业

实训目标

（1）能够掌握配送中心退货作业；
（2）能够填制退货单。

知识要点

物流活动中，退货或换货应尽可能地避免，因为退货或换货的处理，只会大幅增加成本，减少利润。

一、退货的原因

1. 有质量问题的退货

对于不符合质量要求的商品，接收方提出退货，仓库应给予退换。仓库不会有直接的成本损失，但快速地配合，可使损害减低，增进与厂商及客户间的关系。

2. 搬运途中损坏退货

物品在搬运过程中造成产品破损或包装污染，仓库应给予退回。

3. 商品送错退回

送达客户的商品不是订单所要求的商品，如商品条码、规格、重量、数量与订单不符，要求换货或退回。这时必须立即处理，减少客户抱怨。

4. 商品过期退回

有保质期的商品在送达接收单位时超过商品的有效保质期限，仓库应予以退换。

二、退货处理的方法

1. 无条件重新发货

因为仓库按订单发货发生错误的，应由仓库更新调整发货方案，将错发物品调回，重新按原正确订单发货，中间发生的所有费用应由发货人承担。

2. 运输单位赔偿

在运输途中产品受到损坏而发生退货的，根据退货情况，由仓库确定所需的修理费用或赔偿金额，然后由运输单位负责赔偿。

3. 收取费用，重新发货

对于因为客户订货有误而发生退货的，退货所有费用由客户承担。退货后，再根据客户新的订货单重新发货。

4. 重新发货或替代

因为产品有缺陷,客户要求退货的,仓储方接到退货指示后,作业人员应安排车辆收回退货商品,将商品集中到仓库退货处理区进行处理。一旦产品回收活动结束,生产厂家及其销售部门应立即采取行动,用没有缺陷的同一种产品或替代品更新有缺陷的产品。

能否处理好退货,涉及各方面的关系,如制造商与采购商、采购商与仓库经营者、仓库经营者与承运人、承运人与经销商、经销商与客户、客户与制造商等。妥善处理退货的方法就是每个环节都要检验,一环扣一环,环环都负责,环环都满意。这样才能使相关方面维持满意的良好关系。

三、退货的清点

配送中心接到客户退货后,必须重新查点退回商品的数量与质量,确认所退货的种类、项目、名称是否与客户发货单的记载相同。

(一)数量清点

退货商品到达配送中心后,接货入库的验货人员首先要查验退货商品的数量。由于配送中心的工作非常繁忙,通常会有几辆卡车同时到达,逐车验收费时间,且送货卡车又不愿久等,所以一般采取"先卸后验"的方法,即由卡车送货人员按不同的商品分别堆码托盘,验货员接过随货同行单据,用移动式计算机终端或其他方法查阅核对实际送达商品与预报的商品是否相符。几辆卡车同时卸车,先卸毕先验收,交叉进行,既可节省人力,又可加快验收速度;既可便利点验,又可防止出现差错。

验货人员在清点退货商品数量时,首先要注意商品的计量单位和"细数",正确统计退货商品数量。"细数"是商品包装内部的数量。例如1盒与1箱,虽只差一字,因一箱有24盒,故实际数量相差23倍。其次要大体确定退货物品有无损失,是否为商品的正常状态,若有异常,贴上标志,暂时隔离,等待进一步的品质清点。对易碎流质类商品卸车时,应采取"边卸边验"的方式,通过"听声音、看异状"等手段,发现问题,分清责任。同时,配送中心在进行数量验证时,除了验收大件外,还需对散装、畸形、零星等各种商品实施清点。

另外,进行退货商品数量验收时还要同时进行商品规格验收,即根据单据核对退回商品的品名、规格、数量。例如,对退回的洗衣粉核对牌名,同一牌名却不同规格的还要核对每包的克数及包装区别。

(二)品质清点

分清退回商品的品质并合理分配使用退回商品,是配送中心处理销货退回的重要内容。

1. 收货点验

在收货点验时,由于交货时间短和现场工作条件的限制,一般只能用"看""闻""听""摇""拍""摸"等感官检验方法,检验范围也只能是商品的包装外表。收货点验法主要有:

(1)在验收流质商品时,应检验包装外表有无污渍,若有污渍。必须开箱检查。

(2)在验收含有玻璃成分的制品时,要件件摇动或倾倒细听声音。若发现破碎声音,应当场开箱检查破碎细数和程度,以明确交接责任。

(3)在验收香水、花露水等商品时,除了"听声音"外,还要在箱口处"闻"一下,如果闻到香水味严重刺鼻,可以判定内部商品必有异状。若开箱检查内部没有破碎,应注意检查瓶盖的密封状况。

(4)在验收棉织品等怕湿商品时,要注意商品包装外表是否有水渍。

(5)在验收时,还要注意商品的出厂日期和有效期。

(6)检验货物箱的外包装时,要注意纸箱封条是否破裂,箱盖(底)板是否粘牢,纸箱内包装是否外露,纸箱是否受过潮湿。

2. 质量部门检验

企业质量检验部门在实验室里,利用各种仪器、器具和试剂,运用化学及生物学的方法,可对退回商品做进一步的品质检验。

(1)物理检验:利用各种量具、量仪、天平、秤或专业仪器来测定商品的一些基本物理量,如长度、细度、面积、体积、厚度、重量(质量)、密度、粒度及表面光

洁度等。

（2）力学检验：通过各种力学仪器测定商品的力学性能，如商品的抗拉强度、抗压强度、抗冲击强度、抗疲劳性能、硬度、弹性、耐磨性等。

（3）光学检验：利用显微镜、折光仪等光学仪器进行商品光学性能的检验。

（4）电学检验：利用电学仪器测定商品电学方面的质量特性及商品的材质、含水量。

（5）热学检验：利用热学仪器检验商品的热学质量特性，包括熔点、凝固点、沸点、耐热性、导热性及热稳定性。

（6）化学检验：根据一定的、已知的、能定量完成的化学反应进行商品的重量分析、容量分析和气体分析。

（7）微生物检验：采用微生物技术手段进行商品中有害微生物的检验。

3. 调整库存量

销货退回的商品经清点后，配送中心要通过相应的库存管理科，科学合理地控制库存的订购点、订购量和库存基准。但当发生销货退回问题时，配送中心的库存有时会超出库存数量的最高界限，配送中心若不及时调整库存安排，将会冲击购销计划，增加库存成本，减低企业效益。因此，销货退回后，销售部门要尽快制作退货受理报告书，以作为商品入库和冲销货额应收账款的基础资料；财务人员据此书面报告要调整账面上的"应收账款余额"与"存货余额"；备货人员据此报告书，重新调整购货计划及订购量，或暂时少进，或差额补缺，以保证库存商品数量科学合理，达到既能满足客户需求又能保持合理库存的目标。

任务书

本任务通过对退货作业的情景模拟，进一步提升对配送中心退货作业环节的理解与实践。

【背景资料】

北京迪安创新技术有限公司欲将两件洗发类产品退回配送中心，原因是在运输过程中因大幅碰撞导致物品外包装破损。作为配送中心的仓管员，应该如何处理这项作业？

任务分析

在实际操作中,退货作业是配送中心内部的核心工作之一,本任务在于按照客户订单的要求完成货物的退货。

(1)参考学时:4 学时。

(2)准备:相关知识准备。

(3)要求:撰写实训报告,记录学习的收获及心得体会。

 任务实施

【步骤1】申请退货,退货原因确认。

【步骤2】填制退货单(图4-12)。

退货单

序号:TH/20140423001

供应商	北京迪安创新技术有限公司退货单					
收货日期	20140423		退货原因		残损	
订单号	20140423001		订单金额/元		43	
序号	产品名称	规格	单位	数量	单价	金额
1	清扬护发素	350 ml	件	1	16	16
2	清扬男士去屑洗发露	400 ml	件	1	27	27
小计						
备注						
退货人	陈某		退货日期:2014 年 4 月 23 日			

图4-12 退货单

【步骤3】:交仓,清点待退商品。

练一练

(1)物品退货的原因有哪些?
(2)如何进行退货处理?

 实训考核

被考核组别或个人						
考评地点						
考评内容						
考评标准		分值	自我评价	他组评价	教师评价	实际得分
	充分准备实训情况	10				
	正确、完整查阅实训所需资料	20				
	积极参与讨论,良好完成实训各项分任务	60				
	团队合作精神	10				
备注						

参考文献

[1] 薛威. 仓储作业管理[M]. 北京:高等教育出版社,2012.

[2] 吴清一. 物流管理[M]. 北京:中国物资出版社,2005.

[3] 李万秋. 仓储管理[M]. 北京:高等教育出版社,2005.

[4] 翟光明. 仓储实务[M]. 北京:中国财政经济出版社,2002.

[5] 许小英,王燕. 配送实务[M]. 北京:中国劳动社会保障出版社,2006.

[6] 吕军伟. 物流配送业务管理模板与岗位操作流程[M]. 北京:中国经济出版社,2005.

[7] 翟光明. 仓储与配送实务[M]. 北京:人民交通出版社,2005.

[8] 郑玲. 配送中心管理与运作[M]. 北京:机械工业出版社,2004.

[9] 祁洪祥. 配送管理[M]. 南京:东南大学出版社,2006.

[10] 刘毅. 仓储作业实务[M]. 北京:机械工业出版社,2006.

[11] 郭元萍. 仓储管理与实务[M]. 北京:中国轻工业出版社,2005.

[12] 张远昌. 仓储管理与库存控制[M]. 北京:中国纺织出版社,2004.

[13] 徐天亮. 运输与配送[M]. 北京:中国物资出版社,2002.

[14] 林自葵. 物流信息系统[M]. 北京:北京交通大学出版社,2004.

[15] 孙晓. 物流配送[M]. 北京:化学工业出版社,2007.